皇室ファイル

菊のベールの向こう側

The Imperial file

共同通信社会部編

共同通信社

天皇ご一家の横顔

栃木県の那須御用邸内を愛犬の由莉を連れて散策される天皇ご一家＝２０１８年８月

家族に犬や猫も

天皇陛下は1960年２月23日に誕生された。幼少時から登山に親しみ、日本山岳協会の会員でもある。スキー、テニスも得意。住まいがある東京・元赤坂の赤坂御用地内のジョギングを日課としている。皇后さまは63年12月９日、外交官の家庭に生まれた。陛下と同様、スポーツ万能で語学が堪能。米ハーバード大では経済学を学んだ。87年４月に外務省に入省、父親と同じ道を歩んだ。93年６月９日に結婚、2001年12月１日に長女愛子さまが誕生した。愛子さまは現在、学習院女子高等科３年。18年の夏に英国に短期留学した。家族でスキー旅行に出掛けたり、山登りをしたりする。音楽も共通の趣味。陛下はビオラ、愛子さまはチェロを演奏する。犬の「由莉（ゆり）」と猫の「みー」「セブン」を飼っている。

歴代天皇一覧

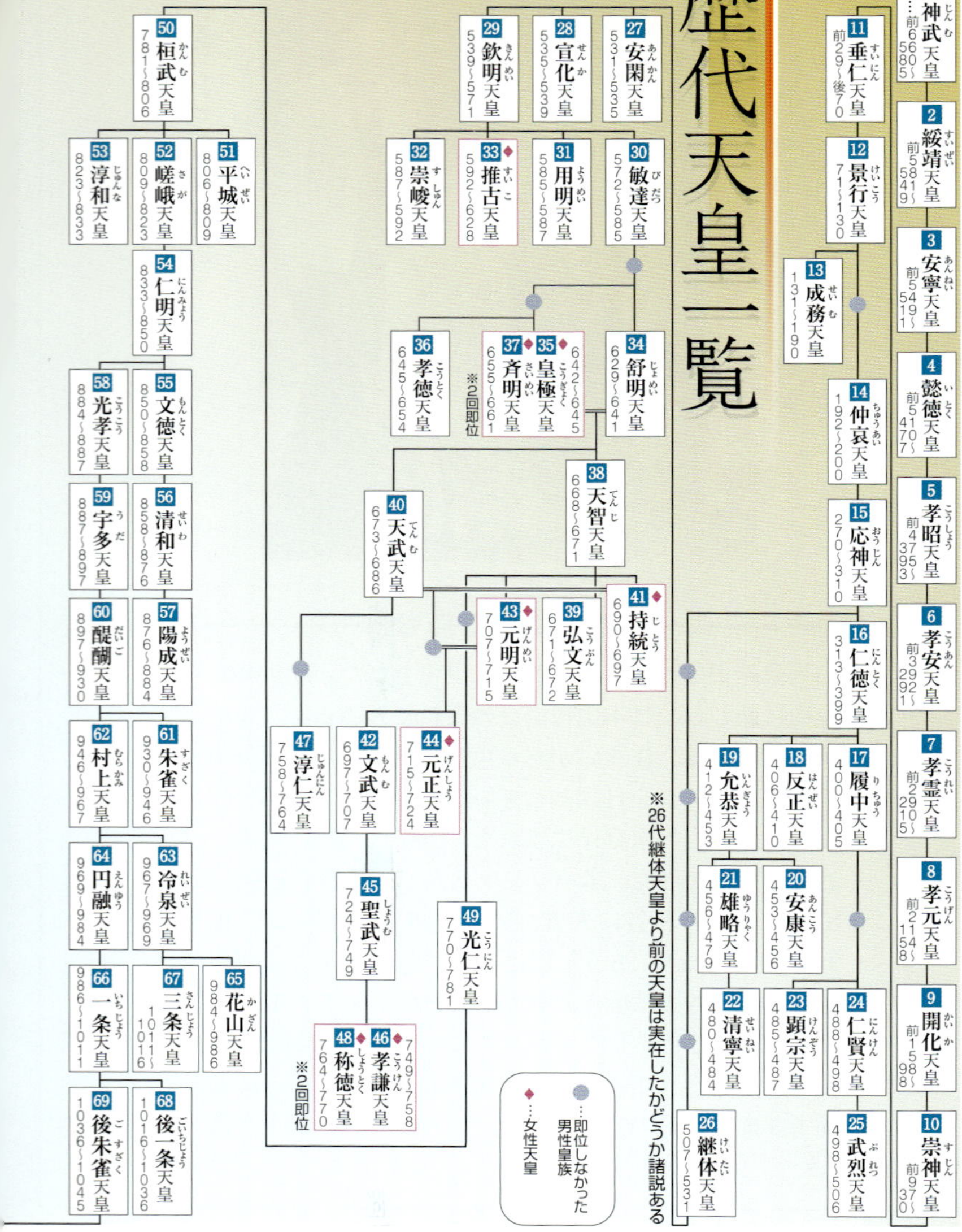

代数 1 神武《じんむ》天皇
在位年…前660~585
2 綏靖《すいぜい》天皇 前581~549
3 安寧《あんねい》天皇 前549~511
4 懿徳《いとく》天皇 前510~477
5 孝昭《こうしょう》天皇 前475~393
6 孝安《こうあん》天皇 前392~291
7 孝霊《こうれい》天皇 前290~215
8 孝元《こうげん》天皇 前214~158
9 開化《かいか》天皇 前158~98
10 崇神《すじん》天皇 前97~30
11 垂仁《すいにん》天皇 前29~後70
12 景行《けいこう》天皇 71~130
13 成務《せいむ》天皇 131~190
14 仲哀《ちゅうあい》天皇 192~200
15 応神《おうじん》天皇 270~310
16 仁徳《にんとく》天皇 313~399
17 履中《りちゅう》天皇 400~405
18 反正《はんぜい》天皇 406~410
19 允恭《いんぎょう》天皇 412~453
20 安康《あんこう》天皇 453~456
21 雄略《ゆうりゃく》天皇 456~479
22 清寧《せいねい》天皇 480~484
23 顕宗《けんぞう》天皇 485~487
24 仁賢《にんけん》天皇 488~498
25 武烈《ぶれつ》天皇 498~506
26 継体《けいたい》天皇 507~531
27 安閑《あんかん》天皇 531~535
28 宣化《せんか》天皇 535~539
29 欽明《きんめい》天皇 539~571
30 敏達《びだつ》天皇 572~585
31 用明《ようめい》天皇 585~587
32 崇峻《すしゅん》天皇 587~592
33 ◆ 推古《すいこ》天皇 592~628
34 舒明《じょめい》天皇 629~641
35 ◆ 皇極《こうぎょく》天皇 642~645
36 孝徳《こうとく》天皇 645~654
37 ◆ 斉明《さいめい》天皇 655~661
※2回即位
38 天智《てんじ》天皇 668~671
39 弘文《こうぶん》天皇 671~672
40 天武《てんむ》天皇 673~686
41 ◆ 持統《じとう》天皇 690~697
42 文武《もんむ》天皇 697~707
43 ◆ 元明《げんめい》天皇 707~715
44 ◆ 元正《げんしょう》天皇 715~724
45 聖武《しょうむ》天皇 724~749
46 ◆ 孝謙《こうけん》天皇 749~758
47 淳仁《じゅんにん》天皇 758~764
48 ◆ 称徳《しょうとく》天皇 764~770
※2回即位
49 光仁《こうにん》天皇 770~781
50 桓武《かんむ》天皇 781~806
51 平城《へいぜい》天皇 806~809
52 嵯峨《さが》天皇 809~823
53 淳和《じゅんな》天皇 823~833
54 仁明《にんみょう》天皇 833~850
55 文徳《もんとく》天皇 850~858
56 清和《せいわ》天皇 858~876
57 陽成《ようぜい》天皇 876~884
58 光孝《こうこう》天皇 884~887
59 宇多《うだ》天皇 887~897
60 醍醐《だいご》天皇 897~930
61 朱雀《すざく》天皇 930~946
62 村上《むらかみ》天皇 946~967
63 冷泉《れいぜい》天皇 967~969
64 円融《えんゆう》天皇 969~984
65 花山《かざん》天皇 984~986
66 一条《いちじょう》天皇 986~1011
67 三条《さんじょう》天皇 1011~1016
68 後一条《ごいちじょう》天皇 1016~1036
69 後朱雀《ごすざく》天皇 1036~1045
※26代継体天皇より前の天皇は実在したかどうか諸説ある
●…即位しなかった男性皇族
◆…女性天皇

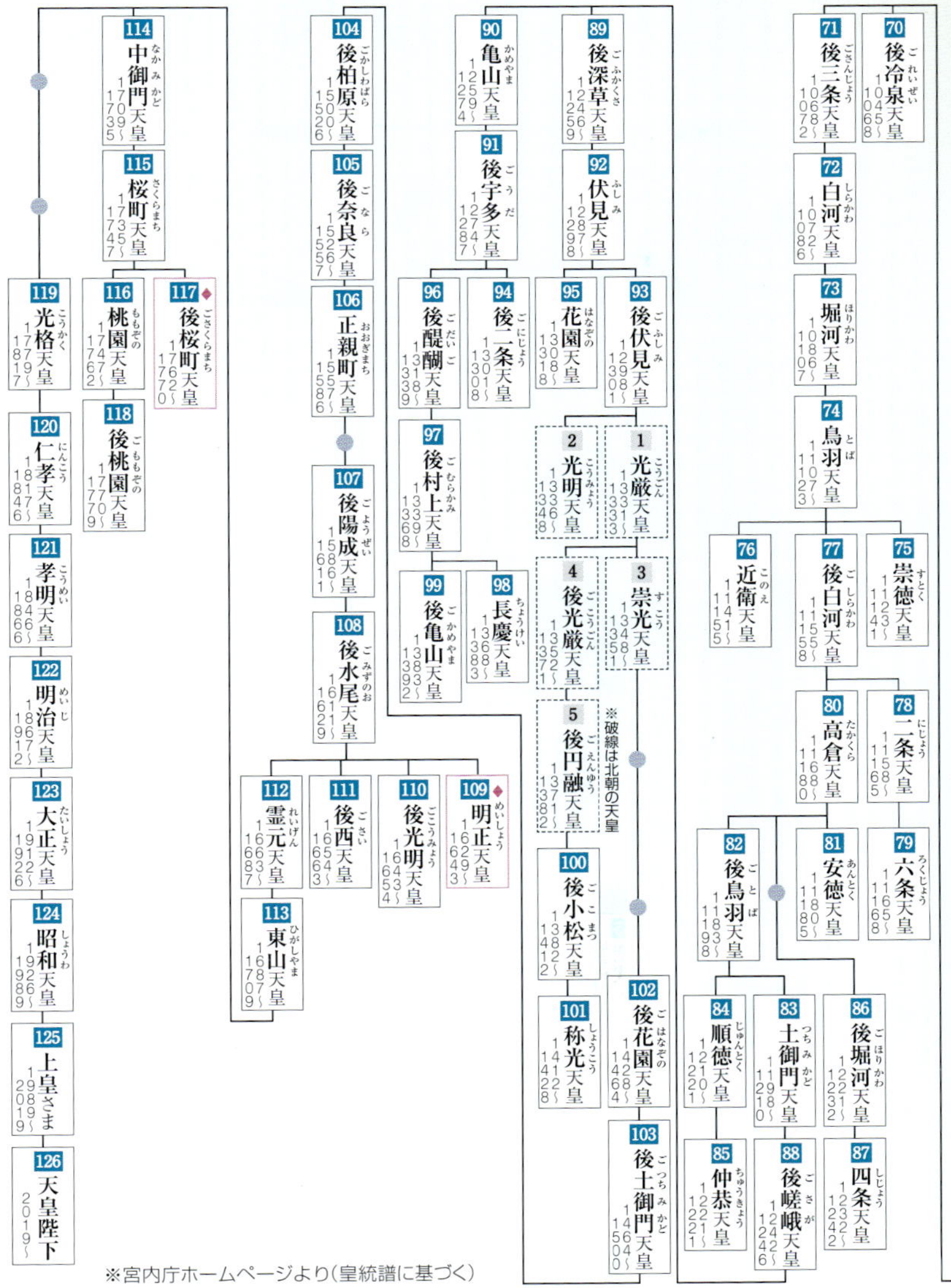

※宮内庁ホームページより（皇統譜に基づく）

天皇家の系図

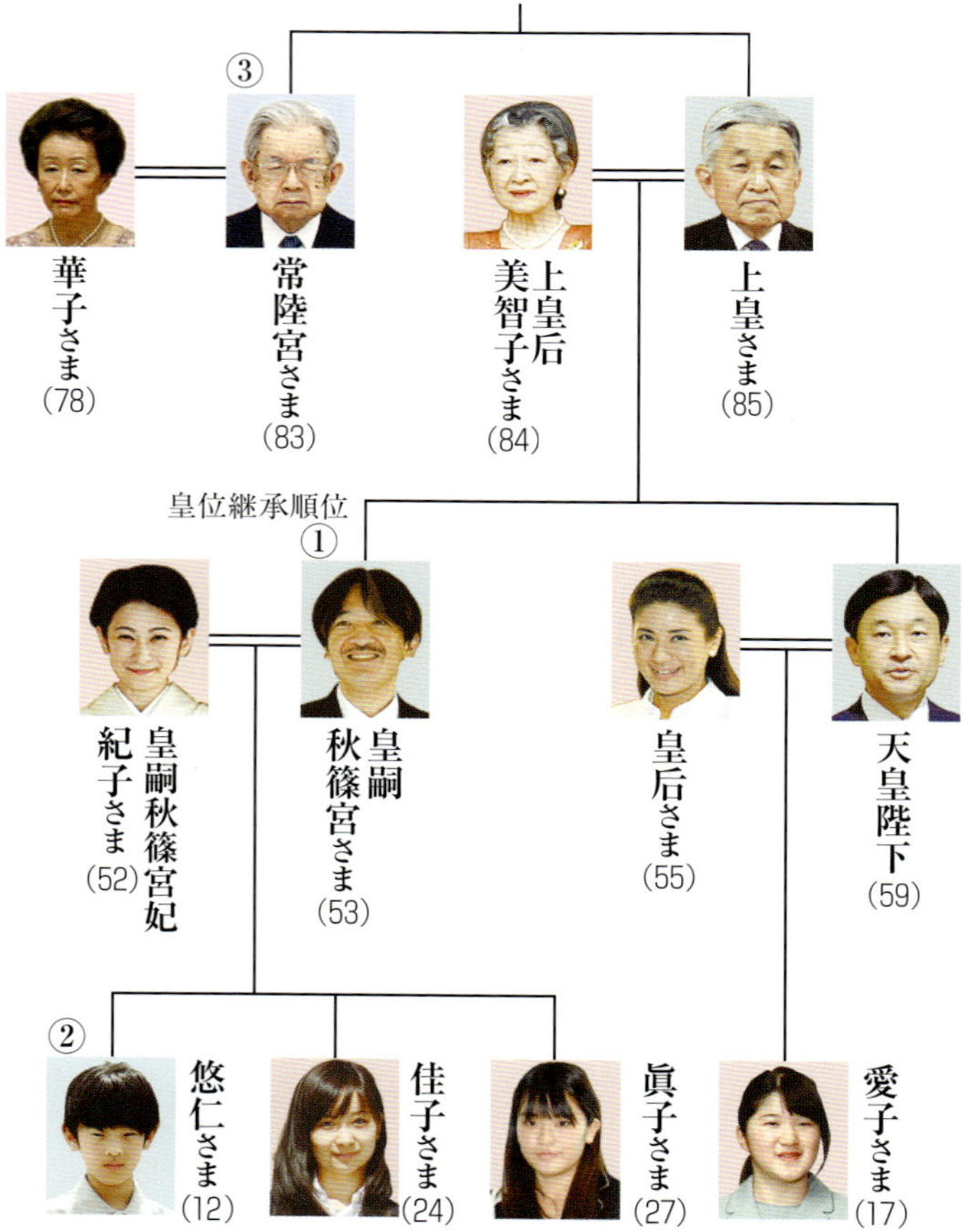

（　）は2019年9月1日現在の年齢

皇室ファイル

菊のベールの向こう側

共同通信社

まえがき

天皇即位に伴う一連の儀式「即位の礼」はこの秋、クライマックスを迎える。英王室なら戴冠式に相当する「即位礼正殿《そくいれいせいでん》の儀」、その儀式の天皇陛下の玉座を「高御座《たかみくら》」、衣装を「黄櫨染袍《こうろぜんのほう》」、陛下と皇后さまのパレードは恭しく「祝賀御列《しゅくがおんれつ》の儀」と呼ぶ。皇室を取り巻く言葉の多くは時代がかっていて分かりにくい。自身、知ってるつもりになって消化不良を起こすこともあった。

本書は共同通信社会部が代替わり報道の一環として、2019年の元日付からスタートした皇室用語の連載解説企画「皇室ナビ」（112回続き）が下敷きになっている。企画の構想は昨年秋。日産自動車のカルロス・ゴーン前会長の事件のさなかだった。法務・検察を長年取材してきた〝畑違い〟の私は当然、歴代の皇室担当に助けられることが多かった。主役はあくまで現場の記者だ。私はと言えば、天皇家を改めて理解する上で、大学時代に日本古代史の吉田孝《よしだたかし》先生に師事した経験がやっと生きた。

ゴーン前会長捜査の評価を聞きに元検察首脳を訪ねた時のことだった。平成はどんな時代だったか。時代の変化に検察はどう応えていくのか。話題は広がり、いつしか皇室に及んだ。陛下と交遊のある有識者が講演で披露した陛下の言葉が印象的だったという。

〈日本人は内向きである。若い世代はどんどん海外に出て、知見を広めるべきだ〉

そんな趣旨の話を陛下はされたそうだ。確かに海外留学の経験を持つ陛下の言葉には実感がこもっているが、そこには皇后雅子さまの存在が大きく影響しているのではないか。企画を進めながら、そう感じることがあった。

元外交官で外務事務次官などを務めた小和田恒《おわだ・ひさし》さん、優美子《ゆみこ》さん夫妻の長女として1963年に生まれた皇后さま。海外生活が長く、カトリック教育の田園調布雙葉学園から米国ハーバード大に学び、東大に学士入学した。外務省に入省したのは87年。男女雇用機会均等法施行の翌年に当たり、男社会をすさまじい努力で切り開いた完璧主義者だった。

その皇后さまが皇太子だった陛下に見初められ、93年に結婚した。世の女性の憧れの的となった皇后さまが、やがて「適応障害」から長い療養生活に入るとは誰ひとり想像できなかった。「皇室のホームドクター」を務めた元皇室医務主管の故金澤一郎《かなざわ・いちろう》さんは生前、雑誌のインタビューに皇后さまの異変を次のように語っている。

「ご成婚前に、いわゆる『皇室外交』もできるからと説得をお受けになったようですね。ただ、皇室に入られてから、想像されていたことと違うことがさまざまおありだったと思うのです」

皇后さまが、皇室という少なくとも1500年続いた社会システムに適応していくのには相当大きな負荷が掛かったであろう。多感な幼少期から欧米の自由主義に触れて育ったキャリアウーマンが、しきたりや行事、祭祀などにとまどい、「世継ぎ問題のプレッシャー」（陛下の2004年の誕生日会見）にさらされる。心のバランスを崩し、出口の見えないトンネルの中をさまよっていたに違いない。

その皇后さまが確かな回復ぶりを示している。担当記者によると、翌朝に公務があるとしても、眠れないでいる皇后さまに夜明けまで付き添うなど陛下の献身的なサポートに加え、長女愛子さまの成長が要因として大きいという。かくして、令和初の国賓として来日したトランプ米大統領夫妻との会見では生き生きとし、日本赤十字社の名誉総裁として初めて単独で臨んだ全国赤十字大会も笑顔で乗り切った。

ただ、この世に完璧な人生などない。天皇と歩む皇后の務めは本来、肉体的にも精神的にも極めてハードだ。皇后さまには、ご自愛いただきたいと切に思う。言うまでもなく、陛下にも。「感情天皇論」を著した批評家・まんが原作者の大塚《おおつか》英志《えいじ》さんは「政治に関与できない象徴天皇は、ひたすら全国民の感情に寄り添い慰撫する。それはめちゃくちゃしんどいことだ」と指摘している。

国民、とりわけ戦後世代には、象徴天皇像を30年余りかけて築き上げてきた上皇さまと上皇后さまの存在が心の中に無意識のレベルで入ってきている。だから平時は関心がない。新たな時代の皇室はどうあるべきか。公務や宮中祭祀の在り方は本当にこのままでいいのか。本書が考えるきっかけとなれば幸いである。

2019（令和元）年9月

共同通信社会部担当部長・編集委員　高橋裕哉

目次

皇室ファイル

菊のベールの向こう側

憲法関連条文

第１章　天皇

第１条 天皇は、日本国の象徴であり日本国民統合の象徴であつて、この地位は、主権の存する日本国民の総意に基く

第２条 皇位は、世襲のものであつて、国会の議決した皇室典範の定めるところにより、これを継承する

第３条 天皇の国事に関するすべての行為には、内閣の助言と承認を必要とし、内閣が、その責任を負ふ

第４条 ①天皇は、この憲法の定める国事に関する行為のみを行ひ、国政に関する権能を有しない

②天皇は、法律の定めるところにより、その国事に関する行為を委任することができる

第５条 皇室典範の定めるところにより摂政を置くときは、摂政は、天皇の名でその国事に関する行為を行ふ。この場合には、前条第１項の規定を準用する

第６条 ①天皇は、国会の指名に基いて、内閣総理大臣を任命する

②天皇は、内閣の指名に基いて、最高裁判所の長たる裁判官を任命する

第７条 天皇は、内閣の助言と承認により、国民のために、左の国事に関する行為を行ふ

1　憲法改正、法律、政令及び条約を公布すること

2　国会を召集すること

3　衆議院を解散すること

4　国会議員の総選挙の施行を公示すること

5　国務大臣及び法律の定めるその他の官吏の任免並びに全権委任状及び大使及び公使の信任状を認証すること

6　大赦、特赦、減刑、刑の執行の免除及び復権を認証すること

7　栄典を授与すること

8　批准書及び法律の定めるその他の外交文書を認証すること

9　外国の大使及び公使を接受すること

10　儀式を行ふこと

第８条 皇室に財産を譲り渡し、又は皇室が、財産を譲り受け、若しくは賜与することは、国会の議決に基かなければならない

第10章　最高法規

第99条 天皇又は摂政及び国務大臣、国会議員、裁判官その他の公務員は、この憲法を尊重し擁護する義務を負ふ

赤坂御用地

赤坂御用地の一角（下右側）と皇居（上）

上皇ご夫妻、ゆくゆく赤坂へ

東京都港区元赤坂2丁目のほぼ全域を占める国有財産で、皇室に充てられている。財務省によると、資産価値は２０１２年度末時点で１５６５億円に上る。江戸時代は紀州徳川家の中屋敷が置かれていた。天皇陛下が皇后さま、長女愛子さまとお住まいの赤坂御所（旧東宮御所）や秋篠宮ご一家などの宮邸が点在しているほか、園遊会が開かれる赤坂御苑がある。迎賓館赤坂離宮は御用地に含まない。皇居・御所は19年4月30日をもって退位された上皇さまと上皇后さまが居住中で、東京都港区にある高輪皇族邸（旧高松宮邸）の改修が終わり次第、引っ越しする。その後、天皇ご一家が赤坂御所から皇居・御所に移り住み、上皇ご夫妻は入れ替わるように赤坂御所へ転居する。赤坂御所は上皇の住まいを指す「仙洞《せんとう》御所《ごしょ》」に改称される。

秋篠宮家

東京・元赤坂の宮邸で記念写真を撮影される秋篠宮ご一家＝2018年11月（宮内庁提供）

奈良の名所に由来

天皇陛下の弟、秋篠宮さまが１９９０年6月、民間出身の紀子《きこ》さまとの結婚を機に創設された。ご夫妻の出会いは85年春。当時、秋篠宮さまは学習院大2年、紀子さまは同じ学習院大に入学したばかりだった。宮家の名は、和歌の歌枕として知られる秋篠の里（奈良市）にちなんで付けられたが、秋篠宮さまは当初「関西地方の川の名前がよい」と希望したという。ご家族は、東京大総合研究博物館特任研究員の長女眞子《まこ》さま、国際基督教大を２０１９年3月に卒業した次女佳子《かこ》さま、お茶の水女子大付属中1年の長男悠仁《ひさひと》さま。眞子さまは上皇ご夫妻の初孫。陛下の即位に伴い、皇位継承順位は秋篠宮さまが1位の皇嗣《こうし》、悠仁さまが2位となった。宮邸は東京・元赤坂の赤坂御用地にある。

熱田神宮

熱田神宮で開かれた「創祀千九百年大祭」＝2013年５月、名古屋市熱田区

ご神体は草薙剣

名古屋市熱田区にある神社。皇室の祖先を祭る「宗廟《そうびょう》」として伊勢神宮に次ぐ格式を持つ。皇位継承に不可欠とされる三種の神器の一つ、天叢《あめのむら》雲剣《くものつるぎ》（草薙剣《くさなぎのつるぎ》）の本体を安置している。伝承では、第12代景行《けいこう》天皇の子とされる日本武尊《やまとたけるのみこと》（倭建命）が草薙剣を尾張の国に残して亡くなり、遺志を重んじた妃《きさき》が剣を熱田の地に祭ったという。昭和天皇の側近だった故寺崎英成《てらさき・ひでなり》がまとめた「昭和天皇独白録」によると、昭和天皇は終戦を振り返り「敵が伊勢湾付近に上陸すれば、伊勢、熱田両神宮は直ちに敵の制圧下に入り、神器の移動の余裕はなく、その確保の見込みが立たない。これでは国体護持は難しい。故にこの際、私の一身は犠牲にしても講和をせねばならぬと思った」と語ったとされる。

伊勢神宮

式年遷宮で建て替えられた伊勢神宮内宮の現社殿（左）と旧社殿＝2013年９月、三重県伊勢市

祭主は黒田清子さん

全国の神社を包括する神社本庁の本宗《ほんそう》で、三重県伊勢市と周辺にある１２５の宮社の総称。正式名称は「神宮」という。神宮の神職をまとめる祭主を天皇陛下の妹黒田清子《くろだ・さやこ》さんが務めている。天皇在位中の上皇さまは２０１９年4月18日に神宮を上皇后さまと参拝し、退位することを報告された。神宮の中心となるのが、皇室の祖神とされる天照大神《あまてらすおおみかみ》を祭る皇大神宮（内宮《ないくう》）と、衣食住をはじめ産業の神とされる豊受大神《とようけのおおかみ》を祭る豊受大《とようけだい》神宮《じんぐう》（外宮《げくう》）。内宮には、三種の神器の一つ「八《や》咫鏡《たのかがみ》」が安置されている。内宮、外宮とも同じ大きさの敷地が東西に並び、いずれの社殿も20年に1度建て替え、神々を移す「式年遷宮」が行われる。次回の遷宮は14年後の33年。

一般参賀

宮内庁バルコニーから一般参賀の人に応える昭和天皇、香淳皇后＝1954年１月

宮内庁に昭和天皇お出まし

天皇、皇后両陛下と皇族が皇居・長和殿《ちょうわでん》のベランダから国民の祝賀に応える皇室行事の一つ。毎年1月2日と天皇誕生日（2月23日）のほか、即位後も行われている。新年の一般参賀は１９４８年から記帳だけの形で始まり、昭和天皇と香淳《こうじゅん》皇后が初めて祝賀に応えたのは51年1月1日、場所は宮内庁中央玄関上のバルコニーだった。新宮殿完成後の69年、昭和天皇に向けてパチンコ玉が発射される事件をきっかけに、長和殿ベランダに施された防弾ガラス越しから天皇や成年皇族が手を振るようになった。昭和天皇死去前の89年１月2日は記帳だけで、平成最初の一般参賀は90年11月18日に行われた。２０１９年5月4日に行われた令和最初の一般参賀には、平成への代替わり時を約3万人上回る14万１１３０人が訪れた。

歌《うた》会《かい》始《はじめ》の儀

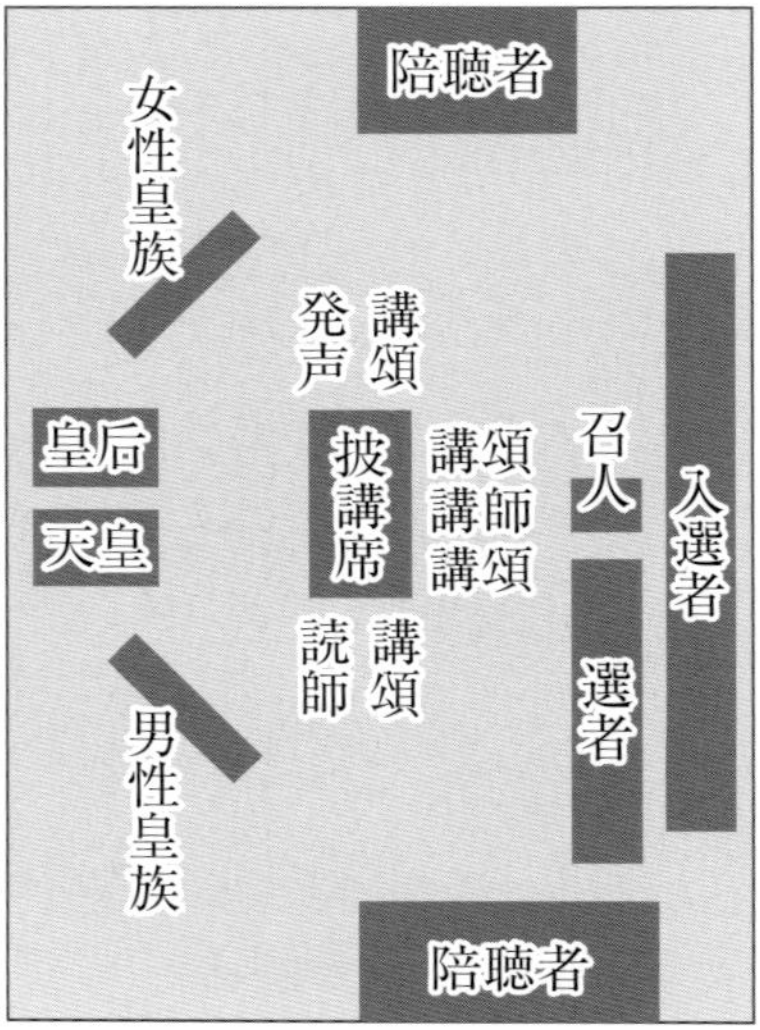

「歌会始の儀」会場図（皇居　宮殿・松の間）

入選者、最年少は12歳

和歌を詠む人たちが一堂に会して披露しあうことを歌会《うたかい》といい、詠んだ歌を一首ずつ組み合わせて優劣を競う「歌合《うたあわせ》」は平安時代初期から宮中で盛んに催されていた。年始に天皇が主宰する歌会を「歌御会始《うたごかいはじめ》」と称し、1874（明治7）年から一般国民にも和歌の差し出しが認められた。大正天皇死去後「歌会始」と改め、近年はお題として漢字1字を指定の上、和歌を公募している。毎年1月中旬に宮殿「松の間」で開かれる「歌会始の儀」は、入選者、選者、召人《めしうど》（天皇陛下から召されて詠む人）、皇族、皇后さま、陛下の順でそれぞれの和歌が詠まれる。2018年は長崎県佐世保市の当時中学1年の男子生徒が最年少の12歳で入選した。

ハンセン病療養所「沖縄愛楽園」を訪問された皇太子ご夫妻時代の上皇ご夫妻＝1975年７月、沖縄県名護市

歌声の響《ひびき》

沖縄への心、歌に乗せて

上皇さまが詠まれた「琉歌《りゅうか》」に、上皇后さまが曲をつけた楽曲の題名。退位前の２０１９年２月24日に東京・国立劇場で政府が主催した在位30年記念式典で披露された。琉歌は沖縄諸島などに伝わる短詩形の歌で、八八八六（サンパチロク）の音を基本形とする。「だんじよかれよしの歌声の響（ダンジュカリユシヌウタグイヌフィビチ）見送る笑顔目にど残る（ミウクルワレガウミニドゥヌクル）」。「歌声の響」の歌詞は、上皇ご夫妻が皇太子ご夫妻として１９７５年に初めて沖縄を訪問したのがきっかけで生まれた。ハンセン病療養所「沖縄愛楽園」を訪ね、帰り際に入所者から沖縄の船出歌の合唱が起こった時の気持ちを歌に乗せて後日、園に贈った。上皇ご夫妻の沖縄訪問は計11回。訪問に際しては、沖縄学の外間守善《ほかま・しゅぜん》・法政大名誉教授（故人）らから琉球文化を学んだ。

内舎人《うどねり》

1987年10月、吹上御所（当時）のベランダで日光浴をするガウン姿の昭和天皇に日傘を差しかける侍従（右端）。左端の男性が内舎人

古くは天皇の〝SP〟

侍従の下で、天皇陛下や上皇さまのそばに控え、身支度や雑用など日常生活を支える宮内庁の男性職員。地方訪問にも随行する。陛下の身辺警護に当たる皇宮警察本部の皇宮護衛官が、内舎人を兼務しているケースもある。皇宮護衛官は特別司法警察職員で、警察官とは異なる。内舎人は古代から続く官職名で、天皇外出時の警護や雑務を担った。「内」は禁内《きんだい》（宮中）を指し、「うちとねり」が「うどねり」に転じた。上級貴族から優秀な子弟が選ばれ、エリートコースの第一歩であったが、後に有力武家からも任じられるようになった。源氏の出身者は「源内」、平氏は「平内」、藤原氏は「内藤」、橘氏は「橘内」「吉内」などと称し、今も名字として残っている。

園遊会

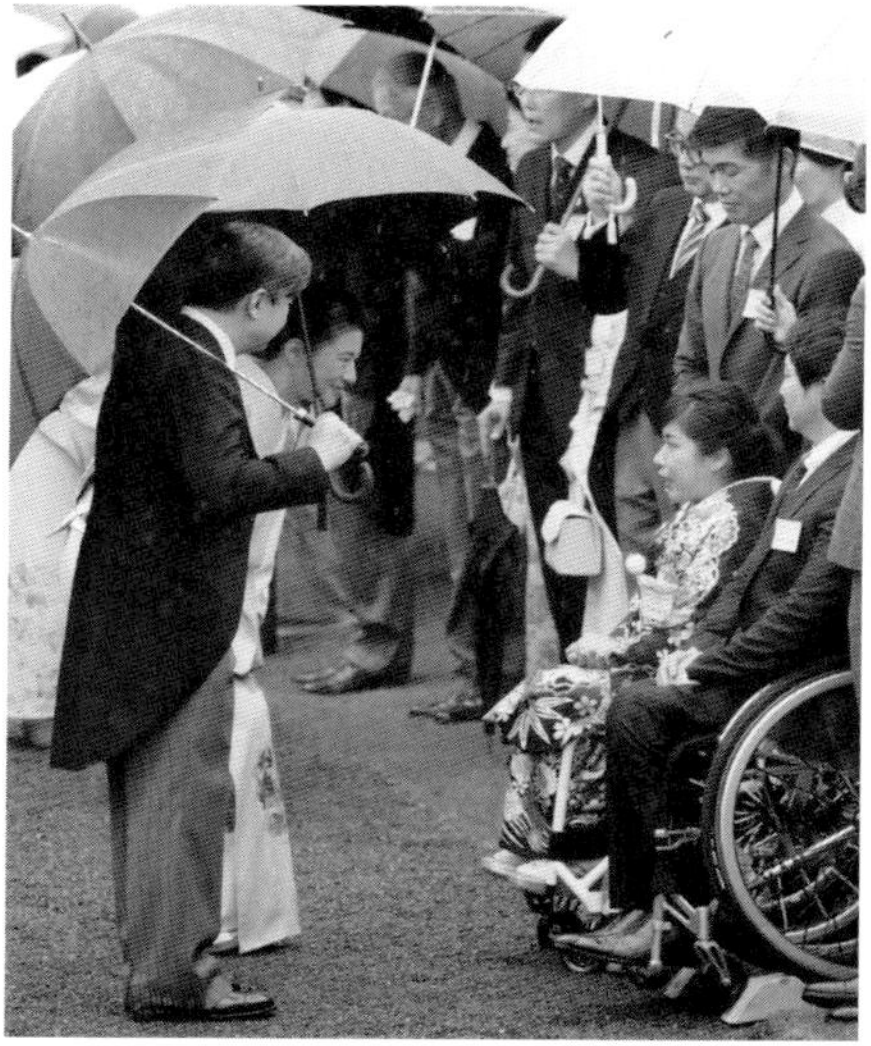

秋の園遊会で、平昌パラリンピック金メダリストの村岡桃佳さん（右から2人目）らに声を掛けられる皇太子ご夫妻当時の天皇、皇后両陛下＝2018年11月9日、東京・元赤坂の赤坂御苑

ヘレン・ケラーも招かれた

天皇、皇后両陛下が毎年春と秋の2回、東京・赤坂御苑で主宰されるガーデンパーティー。国会議員や中央省庁が推薦した功労者、その年に話題となった文化人やスポーツ選手らを招く。英照《えいしょう》皇太后（孝明天皇の妃《きさき》）が住んだ旧赤坂離宮で1880（明治13）年に開かれた「観菊会《かんぎくかい》」、翌81年に皇居・吹上《ふきあげ》御苑で開かれた「観桜会《かんおうかい》」の流れをくみ、物理学者アインシュタイン、米国の社会福祉事業家ヘレン・ケラーらが来日時に招かれている。日中戦争で中断した後の1953年から「園遊会」に改称された。昭和天皇や皇族が亡くなったり、東日本大震災など大規模災害が発生したりして取りやめとなったこともある。2018年11月の秋の園遊会が平成最後の開催となった。

お印

皇居内に植えられている、悠仁さまの「お印」の「高野槇《こうやまき》」＝2006年9月

一人一人に目印

天皇や皇族は一人一人が身の回りの物に付けるシンボルマーク「お印《しるし》」を持つ。衣装や持ち物に高貴な人の名前を書くのは恐れ多いと、側近らが代わりに目印を付けたもので、江戸後期から始まったとの説がある。皇室に生まれた場合は、誕生後に「命名の儀」に合わせて親らが決めている。所持品に小さくマークを描いたり、「白樺《しらかば》」などとタグに記すなど、文字で表現したりすることもあるという。天皇陛下のお印は「梓《あずさ》」。皇后さまは「はまなす」。植物や花が多いが、特に決まったルールはなく、故寛仁《ともひと》親王の長女彬子《あきこ》さまのお印は「雪」。高円宮《たかまどのみや》家の三女守谷絢子《もりや・あやこ》さんの結婚時には、引き出物として、お印の「葛《くず》」がデザインされたボンボニエール（砂糖菓子を入れる小箱）が配られた。

御告文《おつげぶみ》

昭和天皇の武蔵野陵を参拝された上皇さま＝2019年1月7日、東京都八王子市

告げる祈りは大和言葉

天皇が祭事で天照大神《あまてらすおおみかみ》や歴代天皇の霊に大和《やまと》言葉で祈りを告げる文章。「ごこうもん」とも読む。

最近では昭和天皇が亡くなって30年の２０１９年1月7日、埋葬されている東京都八王子市の武蔵《むさし》野陵《ののみささぎ》で行われた式年祭の儀で、天皇在位中の上皇さまが陵前で拝礼し、昭和天皇をしのぶ御告文を読み上げられた。「国家、国民をお守りください」という趣旨だった。皇位継承に伴う最も重要な祭祀《さいし》とされる「大嘗祭《だいじょうさい》」が１９９０年に行われた際には、皇居・東御苑に建てられた大嘗宮の中で、装束姿の上皇さまがご飯や酒を神々にささげて御告文を読み上げ、国民の安寧や五穀豊穣《ほうじょう》を祈ったとされる。１８８９（明治22）年公布の大日本帝国憲法（旧憲法）には、明治天皇が先祖に向かい、誓いの言葉を連ねた御告文が添えられている。

御文庫《おぶんこ》

御前会議が開かれた皇居・御文庫付属庫の会議室。上が1965年、下が2015年7月に撮影された（宮内庁提供）

「聖断」の舞台朽ち果て

太平洋戦争中の1942年、皇居・吹上《ふきあげ》地区に造られた昭和天皇、香淳《こうじゅん》皇后のための防空施設。地上1階、地下2階の鉄筋コンクリート造り。空襲に備えて外壁の厚さは3メートルもあり、偽装のため屋根に土を盛って草木が植えられた。地下通路でつながっている御文庫付属庫は、45年8月10日に開かれた御前会議で昭和天皇が戦争終結を決断（聖断）した舞台にもなった。昭和天皇は戦後も長らく御文庫の地上1階で暮らしたが、還暦を機に61年に吹上御所（現在の吹上大宮《おおみや》御所）が新築され、その一部となった。戦後70年の2015年、玉音放送の原盤とともに、付属庫内部の写真が公開された。補修もされていない状態で、分厚い鉄扉はさび、床板も朽ち果てたままとなっている。

お召し列車

上皇ご夫妻が乗られた「お召し列車」＝2008年11月、茨城県龍ケ崎市

原宿駅に専用ホーム

天皇、皇后両陛下のため特別に運行される臨時列車。ＪＲ東日本は２００７年、国鉄以来の皇室用特別列車「1号編成」の後継列車を完成させ、最近では17年3月に運用している。6両のうち両陛下らの乗る特別車両は車体に菊の紋があり、調度も特別仕様。運行に際して①他の列車と並んで走ってはならない②追い抜かれてはならない③立体交差では上の線路を他の列車が走ってはならない—の「3原則」があるとされるが、ＪＲ側は「非公表」としている。新幹線の利用が増え、東京駅が便利になったため、昭和天皇が愛用した原宿駅の専用ホームは01年を最後に利用されていない。陛下が地方訪問で皇后さまと新幹線などに乗る際は、上皇ご夫妻がそうであったように全車両を貸し切りにする。

恩賜たばこ

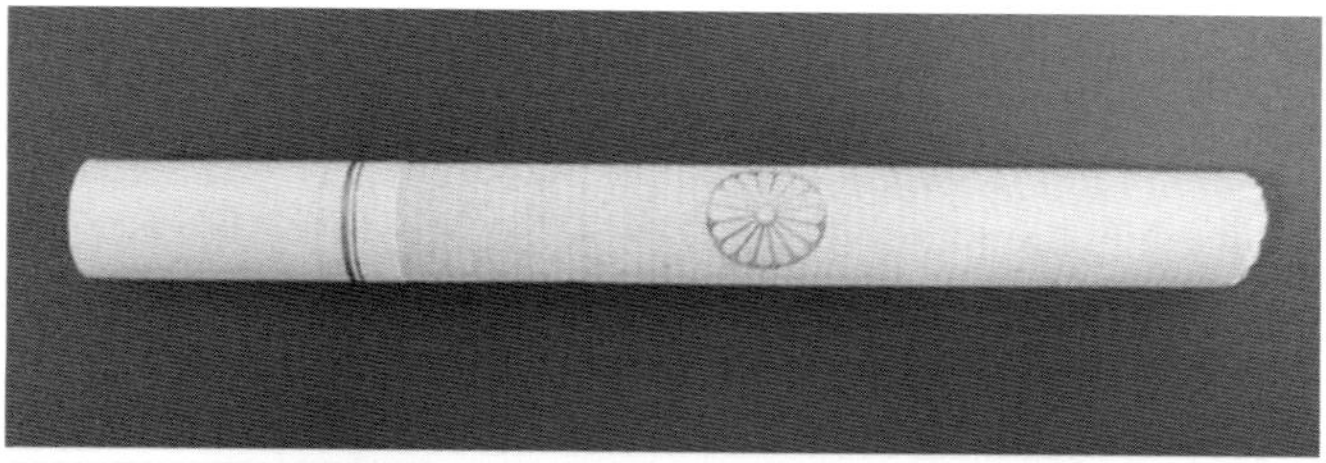

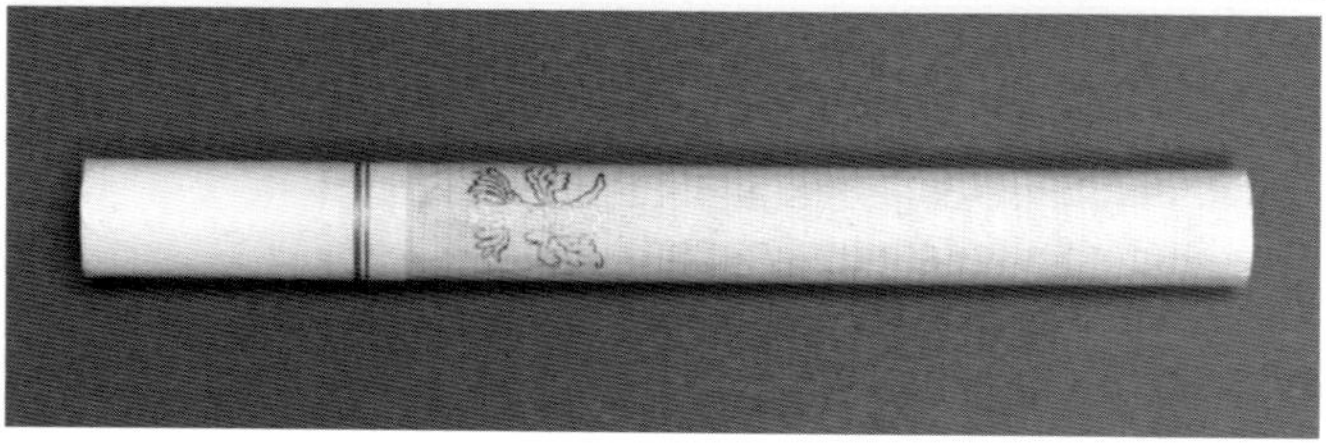

恩賜のたばこ「賜り用」（上）と「接待用」

禁煙運動に逆らえず

皇居、赤坂御用地を清掃する「勤労奉仕団」や訪問先の関係者に対し贈られていた紙巻きたばこ。禁煙運動の高まりから、2006年度でほぼ姿を消した。2種類あり、お礼として関係者に配られる「賜り用」には金色の菊の御紋、園遊会など宮中行事で振る舞われる「接待用」には、菊の花の下に折れ枝がデザインされている。箱には「賜」と書かれ、すべて菊の御紋が上になるように並べられる。製造元の日本たばこ産業（JT）によると、葉は純国産で、味は辛口という。日清戦争のころには、戦地の兵士に配られた。また、太平洋戦争では特攻隊員が吸って出撃したとされる。現在ではたばこに代わって和菓子が用いられている。

恩赦

サンフランシスコ講和恩赦で刑務所を出る服役者＝１９５２年４月、東京・小菅刑務所（現東京拘置所）

国の慶弔に合わせ実施

裁判で決まった刑罰を免除したり軽くしたりするほか、有罪に伴う資格制限を回復させる制度。国の慶弔の際、君主が罪を許すという考え方に由来し、飛鳥時代に唐（中国）から伝わったとされる。法務省によると、現行憲法の下では、慶弔に関係がない常時恩赦を除くと、サンフランシスコ講和条約発効（１９５２年４月）や沖縄復帰（72年５月）などに合わせ平成まで10回実施された。死刑を無期懲役に減刑した例も。平成では、昭和天皇の葬儀（大喪の礼、89年２月）、上皇さまの即位の礼（90年11月）、天皇陛下のご結婚（93年６月）の際に行われ、道交法や公選法違反者らの復権が多くを占める。法務省は「恩赦は更生の励みとなり、再犯抑止の効果も期待できる」とするが、疑問視する意見もある。

改元

「令和」（れいわ）の典拠

出典

「万葉集」巻五、梅花《うめのはな》の歌《うた》三十二《さんじゅうに》首《しゅ》
并《あわ》せて序《じょ》

引用文

初春令月、気淑風和、梅披鏡前之粉、
蘭薫珮後之香

書き下し文

初春《しょしゅん》の令月《れいげつ》にして、気《き》淑《よ》く風《かぜ》和《やわら》ぎ、
梅《うめ》は鏡前《きょうぜん》の粉《こ》を披《ひら》き、蘭《らん》は珮後《はいご》の
香《こう》を薫《かお》らす

新元号は２４８番目

元号を改めること。元号は、古代中国で皇帝が時間も空間も支配するものとして成立したとされる。日本では7世紀半ばに「大化」が初めて使われた。天皇一代に一元号という形は明治時代に始まった。戦後、元号はしばらく法的根拠を失っていたが、１９７９年に元号法が制定され、元号は「政令で定める」「皇位の継承があった場合に限り改める」とした。「平成」は元号法に基づき内閣が決めた初の元号で①国民の理想としてふさわしい良い意味を持つ②漢字2字③書きやすい④読みやすい⑤過去に元号や贈り名（追号）として用いられていない⑥俗用はされていない―が要件となった。平成は89年1月8日から２０１９年4月30日まで続き、改元前の4月1日に公表された新元号「令和」は大化以来２４８番目だった。

学習院

上皇ご夫妻に付き添われ、学習院初等科の入学式に向かわれる天皇陛下＝1966年4月、東京・四谷

起源は公家の教育機関

学習院大、学習院女子大などを運営する学校法人。学習院大キャンパスは東京都豊島区目白にある。江戸時代の1847（弘化4）年、京都御所に設けられた公家の教育機関「学習所」が起源。1877（明治10）年、英国の貴族学校をモデルとして東京・神田に「学習院」として開校され、皇族や華族が通った。1884（明治17）年に宮内省（現在の宮内庁）所管の官立学校となり、その後は場所を現在の虎ノ門や四谷に移し、1908（明治41）年になって目白に落ち着いた。戦後の華族制度廃止に伴い、1947年に私立大学として再出発した。学習院大では上皇さまもかつて学ばれ、天皇陛下は卒業生。同じ卒業生の秋篠宮さまと紀子さまの出会いはキャンパス内の書店だった。

宮内庁担当記者コラム

私たちが考える令和に

坂口　貴

２０１６年８月８日、当時天皇だった上皇さまはビデオメッセージを発し、高齢となった天皇の身の処し方について、長年胸に秘めていた思いを国民に明かし、退位の意向をにじませられた。「陛下、お疲れさまでした」と世間に共感が広がる中、皇室担当記者としては当初、違和感を覚えた。発言の違憲性を疑う気持ちを拭えなかったのだ。

メッセージは事実上、政府に退位制度の創設を求める内容で、「天皇は国政に関する権能を有しない」と定める憲法４条に違反しているようにもみえる、極めてデリケートなものだった。

１９８９年１月９日の即位後朝見の儀で、「日本国憲法を守り、これに従って責務を果たす」と誓った上皇さまを「違憲ぎりぎりの勝負」（宮内庁幹部）に突き動かしたのは、「活動あってこその天皇」、つまり「老いて働けなくなってまでその地位に居座ってはいけない」という信念だったとされる。

側近は「国と国民を思ってのことだった」と明かす。違憲かどうかの判断をする立場にないが、今では理解している。

生まれたときから天皇になることを宿命づけられ、辞める時期も自分で選べないのが現在の天皇だ。この国には当然、ほかにそんな境遇の人はいない。近代以降初めての天皇退位を伴う代替わりは、政府の狙い通り、祝福ムードの中で行われた。だがそれだけではなく、本来私たち国民はこの機会に、象徴天皇の在り方について腰を据えて考えるべきだったのではないだろうか。

上皇さまは２０１８年12月、在位中最後の誕生日記

上皇さまのビデオメッセージを映す大型モニターを見る人たち＝2016年8月、東京・新宿

者会見で「私は即位以来、日本国憲法の下で象徴と位置付けられた天皇の望ましい在り方を求めながらその務めを行い、今日までを過ごしてきました」と語った。その結果がビデオメッセージなのだが、憲法1条が、天皇の地位は「主権の存する日本国民の総意に基く」と定めていることを考えると、われわれこそが望ましい天皇の在り方を求める主役であるはずだ。

難しい問題だが、人権をテーマに皇室制度を考えると、目を背けることができない私たちの問題であることに気づく。国民は多額の税金で皇室を支える一方、数々の公務を担ってもらい、同時に多くの人権を制約している。職業は選べず、表現の自由は限定的。秋篠宮家の長女眞子さまの例でも明らかなように、結婚はハードルが高く、プライバシーも侵される。

皇室が先細りする中、現行制度のままでは安定的な皇位継承は危うく、公務の担い手不足が解消される見通しもない。天皇陛下が高齢になれば、再び退位問題も浮上する。幕を開けた令和こそは、国民が主体的に皇室との関係を考える時代にすべきだと思う。

さかぐち・たかし　2003年、共同通信社に入社。富山支局、大阪社会部、橿原通信部を経て社会部。警察庁の後、宮内庁を担当し、戦後70年の「慰霊の旅」などのほか、キャップとして天皇代替わりを取材した。

楽部《がくぶ》

パリで行われた雅楽の公演で演奏する宮内庁楽部＝2018年９月（共同）

「君が代」を作曲した

宮中の儀式や春と秋の園遊会などで雅楽を演奏する「楽師《がくし》」がいる宮内庁の一組織で、式部職に属している。１４００年以上前に中国から伝来した音楽や踊りと、日本古来の芸能が結びついて発展したものが雅楽。１９５５年に国の重要無形文化財、２００９年に国連教育科学文化機関（ユネスコ）の無形文化遺産に登録された。楽部は海外公演も行い、宮中晩さん会では洋楽も奏でる。フリーの雅楽師、東儀秀樹《とうぎひでき》さんは楽部の出身。朝廷に仕え、雅楽を代々伝えてきた多《おおの》、東儀《とうぎ》、芝などの楽人《がくにん》が明治天皇とともに東京に移り、現在の楽師のルーツとなっている。１９９９年に国歌として法制化された「君が代」は10世紀の「古今和歌集」収録の和歌を基にしており、１８８０（明治13）年に楽人が曲を付けた。

鴨《かも》場《ば》

宮内庁が管理している千葉県市川市の「新浜鴨場」＝2016年７月

陛下プロポーズの場

日本伝統のカモ猟を披露する埼玉県越谷市の「埼玉鴨場」と千葉県市川市の「新浜《しんはま》鴨場」は宮内庁が管理している。おとりのアヒルを使って水路におびき寄せた野生のカモを手持ちの網で捕まえる独特の猟は、江戸時代に将軍家や大名家に伝わっていたものを明治維新後、皇室が継承した。カモの狩猟期間（11月中旬～2月中旬）には、皇族が国内外の要人をもてなす公務の場となる。捕獲したカモは全て、鳥獣保護員の資格を持つ鷹師《たかし》が標識を付けて記録してから放鳥し、生態や分布調査をする上でも大きな役割を果たしている。新浜鴨場は、皇太子時代の天皇陛下が１９９２年10月、皇后さま（当時は小和田雅子《おわだ・まさこ》さん）に「結婚していただけますか」とプロポーズした舞台となった。

菊紋

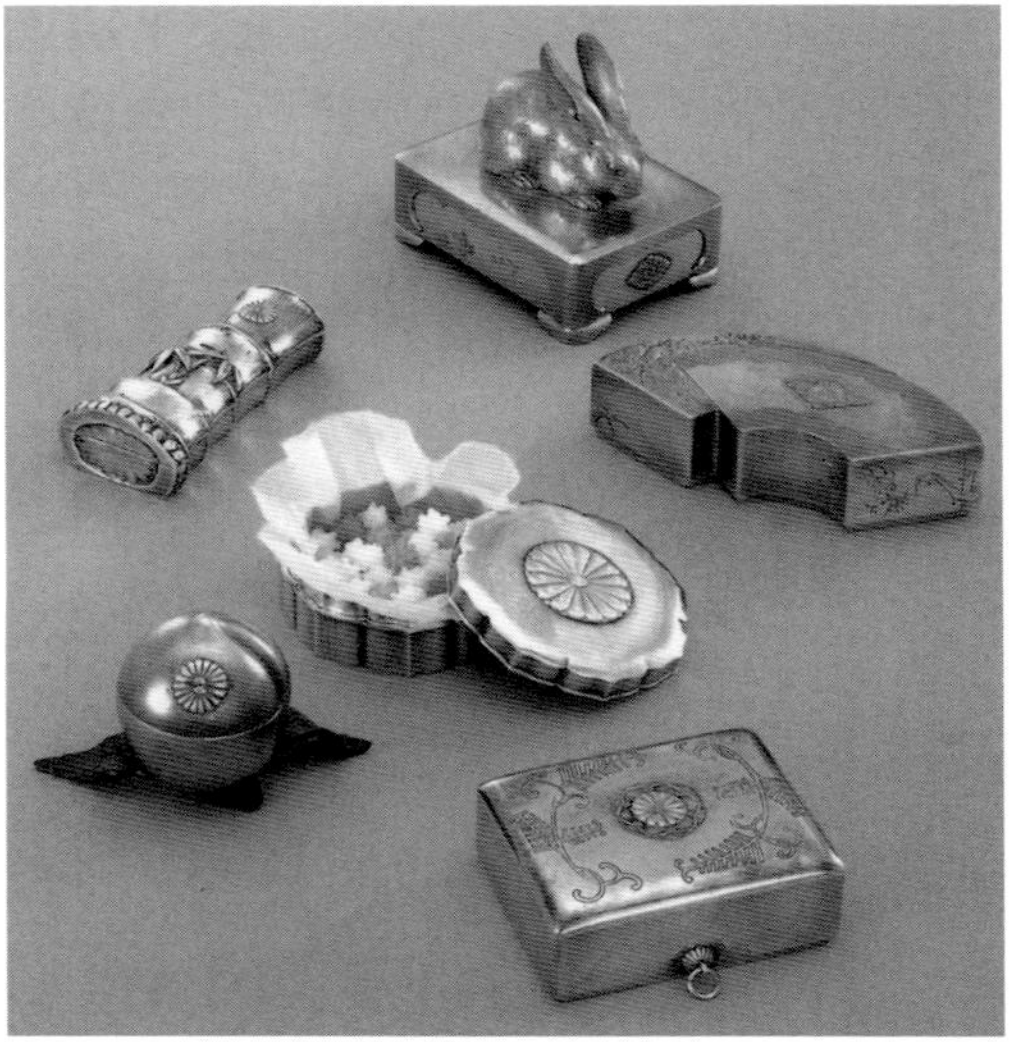

菊の御紋や旧皇族の家紋などがあしらわれたボンボニエール

古来〝太陽と月〟の紋

皇室の紋章。天皇家の「十六弁八重表菊」は、日本の象徴として扱われている。商標登録はできない。日本は国章を定めていないため、旅券（パスポート）の表紙には菊花をデザイン化した「十六弁一重表菊」をあしらっている。皇室の紋は古来、太陽と月を並べた「日月《じつげつ》」だったが、鎌倉時代初期に後鳥羽上皇が好んで菊紋を使い、徐々に定着していったという。明治政府は1868年、皇室の紋章の乱用を禁じ、その3年後には皇族以外の菊紋の使用を禁止したが、戦後に解禁された。宮家はそれぞれ、菊花をアレンジした紋を定めている。一方、14世紀の後醍醐天皇のころから使われ、武家に尊重された桐紋《きり》は現在、日本政府が「五七の桐」を慣例的に使用している。

亀卜《きぼく》

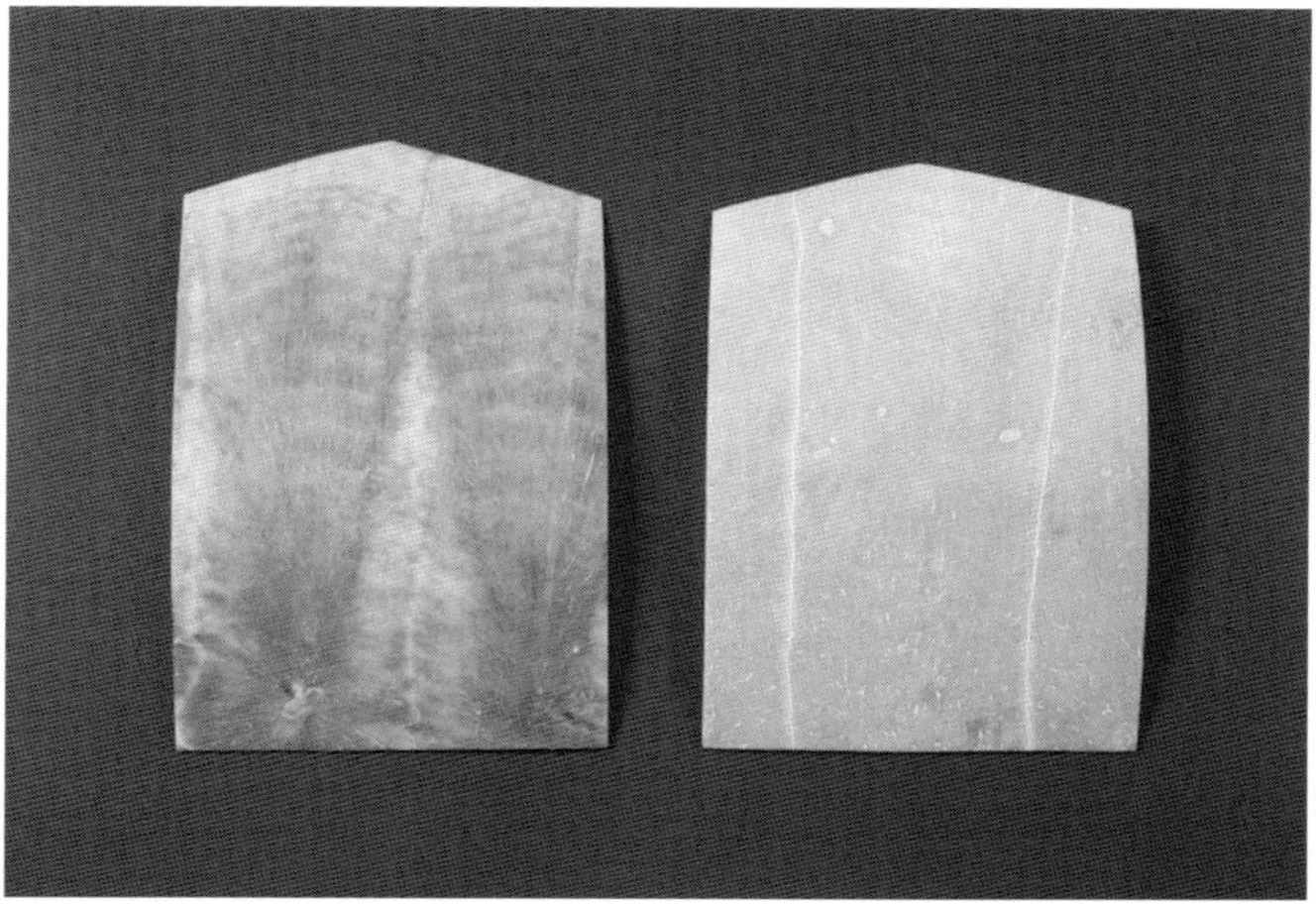

大嘗祭で使う米の産地を決める儀式に用いられるカメの甲羅（宮内庁提供）

米の産地、甲羅で占う

カメの甲羅に小さな穴を開けてあぶり、生じた亀裂によって吉凶などを判断する占い。中国から伝来し、朝廷では奈良時代以降、祭祀《さいし》をつかさどる神祇官《じんぎかん》所属の卜部《うらべ》が担当した。この占術は宮中で継承され、新天皇即位直後の２０１９年５月13日に皇居・宮中三殿の神殿前で行われた。それによって、皇位継承の重要祭祀「大嘗祭《だいじょうさい》」で新天皇が神々に供え、自らも食べるのに不可欠な米の産地を決める。前回１９９０年11月の大嘗祭を前に行われた亀卜は、死んだアオウミガメの甲羅の六角形部分を厚さ２ミリ、縦約24センチ、横約15センチの将棋の駒形に加工。これをあぶり、大嘗祭で使う新米を育てる都道府県を決めた。宮内庁は今回の亀卜に当たり、東京都小笠原村で入手したアオウミガメ８匹分の甲羅を用意した。

宮中三殿

宮中三殿見取り図

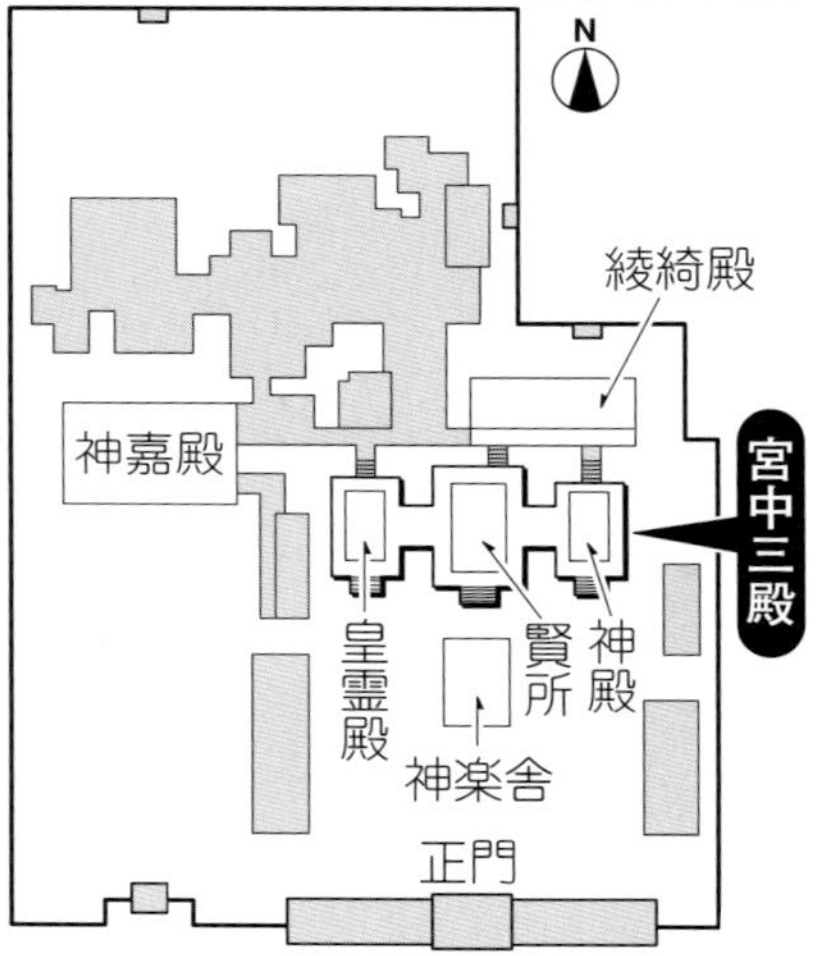

皇居の〝パワースポット〟

皇居・吹上《ふきあげ》地区の一角にある三つの連結された建物の総称。皇室の祖とされる天照大神《あまてらすおおみかみ》を祭る「賢所《かしこどころ》」、歴代天皇と皇族の霊を祭る「皇霊殿《こうれいでん》」、国中の神々を祭る「神殿《しんでん》」から成る。ひのき造りで1888（明治21）年に完成、天皇の私的行為とされる宮中祭祀《さいし》の中心的な場所となる。三殿の中央にある賢所は最も神聖な建物で広さが70平方メートルくらい、西側の皇霊殿、東側の神殿より大きく、床も高い。内部には三種の神器のうち、「八咫鏡《やたのかがみ》」のレプリカを安置している。1993年の天皇、皇后両陛下の「結婚の儀」では、十二単《ひとえ》姿の皇后さまが回廊を歩いた。皇霊殿の西側にある神嘉殿《しんかでん》では毎年秋、新穀を供える「新嘗《にいなめ》祭《さい》」が行われる。

宮殿

空襲で焼失した皇居・明治宮殿跡（手前）＝1945年

執務室や晩さん会場も

皇居の旧江戸城西の丸に１８８８（明治21）年完成した宮殿（明治宮殿）は、終戦直前の１９４５年5月の空襲で全焼した。戦後は宮内庁庁舎を仮の宮殿として使っていたが、68年に現在の宮殿が完成し、翌年4月から使用を始めた。大屋根と柱、梁《はり》から成る日本古来の建築美を生かして造られ、その建築資材のほとんどが国産のものを使っている。鉄筋コンクリート造りの地上2階、地下1階で、延べ面積約2万4千平方メートル。天皇が執務を行う表御座所《おもてござしょ》、首相の任命式や文化勲章の親授式が行われ、最も格式が高いとされる正殿「松の間」、宮中晩さん会が行われる大食堂の豊明殿《ほうめいでん》などがある。一般参賀でおなじみの東庭には、地下に約１２０台の大型車両を収容できる駐車場もある。

旧宮家

広大な緑に囲まれた東京都庭園美術館（旧朝香宮邸）＝東京都港区

前ＪＯＣ会長は旧宮家出身

連合国軍総司令部（ＧＨＱ）の占領政策などで１９４７年10月、昭和天皇家と弟の秩父宮、高松宮、三笠宮《みかさのみや》の３宮家だけが皇室に残り、ほかの11宮家51人が皇籍を離れて一般の国民となった。11宮家は伏見宮《ふしみのみや》、閑院宮《かんいんのみや》、山階宮《やましなのみや》、北白川宮《きたしらかわのみや》、梨本宮《なしもとのみや》、久邇宮《くにのみや》、賀陽宮《かやのみや》、東伏見宮《ひがしふしみのみや》、竹田宮《たけだのみや》、朝香宮《あさかのみや》、東久邇宮《ひがしくにのみや》で「旧宮家」と呼ばれる。天皇陛下と共通の祖先は室町時代の伏見宮貞成《さだふさ》親王で、約６００年前にさかのぼる。日本オリンピック委員会（ＪＯＣ）の前会長竹田恒和《たけだつねかず》氏は竹田宮家出身。旧皇族は陛下や皇族らとともに親睦団体「菊《きく》栄《えい》親睦会」をつくっており、御所で食事会などを催している。皇族の減少で男系による皇位継承が不安視される中、旧宮家の皇族復帰を推す意見は一部保守層に根強い。

饗宴《きょうえん》の儀

1990年11月に催された「饗宴の儀」。中央はダイアナ英皇太子妃（当時）＝宮殿・豊明殿

負担大きかった祝宴

国事行為の祝宴。即位や立太子（公に皇太子を立てること）、結婚に伴い、宮中に国内外の賓客が招待される。平成の「即位の礼」の一環で開かれた饗宴の儀は１９９０年11月12日から４日間にわたり計７回実施。約３４００人を招待し、約２９００人が参列、いずれも着席形式だった。天皇在位中の上皇さま、上皇后さまにとって、昼食会と晩さん会が重なる日が続き、負担は大きかったとされる。天皇陛下の即位に伴う饗宴の儀は、２０１９年10月22日以降に開かれる。政府は18年10月、安倍晋三首相をトップとする「式典委員会」を設置し、これまでに皇位継承に伴う儀式の詳細を検討。皇族の負担軽減を図るため饗宴の儀の簡素化を決め、立食形式２回を含めた計４回とし、参列者数を約２６００人に減らす予定だ。

行幸《ぎょうこう》

石川県ふれあい昆虫館を訪れた皇太子ご夫妻時代の天皇、皇后両陛下＝１９９８年８月27日、石川県鶴来町（現白山市）

御所にこもった天皇も

天皇の外出を指す。皇后と皇太子夫妻の外出は「行啓《ぎょうけい》」といい、他の皇族の「お成り」と区別している。陛下が皇后さまとともに外出する場合は「行幸啓《ぎょうこうけい》」という。行幸は古代からあったが、江戸時代に入ると、幕末までの２３０年以上にわたって歴代天皇が京都御所から出ることはなかった。現代の行幸啓のうち、各都道府県持ち回りで毎年開かれる「全国植樹祭」「国民体育大会」「全国豊かな海づくり大会」の行事に出席するのに合わせた重要な地方訪問は「三大行幸啓」と呼ばれてきたが、即位した天皇陛下、皇后さまは「国民文化祭」にも出席することが決まり「四大行幸啓」となる。国民文化祭には、１９８６年の第１回から当時皇太子だった陛下が出席してきた。

京都御所

京都御苑内にある京都御所（左上）＝京都市上京区

昭和天皇、京都で即位

14世紀の鎌倉時代末期から1869（明治2）年の東京遷都まで歴代天皇が住み、儀式や公務を行った旧皇居。南東には退位した天皇の住まい「仙洞御所《せんとうごしょ》」、隣接して皇太后の住まい「大宮御所《おおみやごしょ》」があった。いずれも京都御苑（京都市上京区）の中にあり、皇室用財産として宮内庁京都事務所が管理している。794（延暦13）年に桓武天皇が平安京（京都市）へ遷都した当初の京都御所は今より約2キロ西方にあったが、火災などで度々焼失。貴族の邸宅だった現在地に復興された。1854（嘉永7）年の嘉永の大火でもほぼ全焼し、現存する建物の多くは翌55（安政2）年に再建された。旧皇室典範（1947年廃止）の規定により、大正天皇、昭和天皇の即位の礼と大嘗《だいじょう》祭《さい》は京都御所で行われている。

御璽《ぎょじ》と国璽《こくじ》

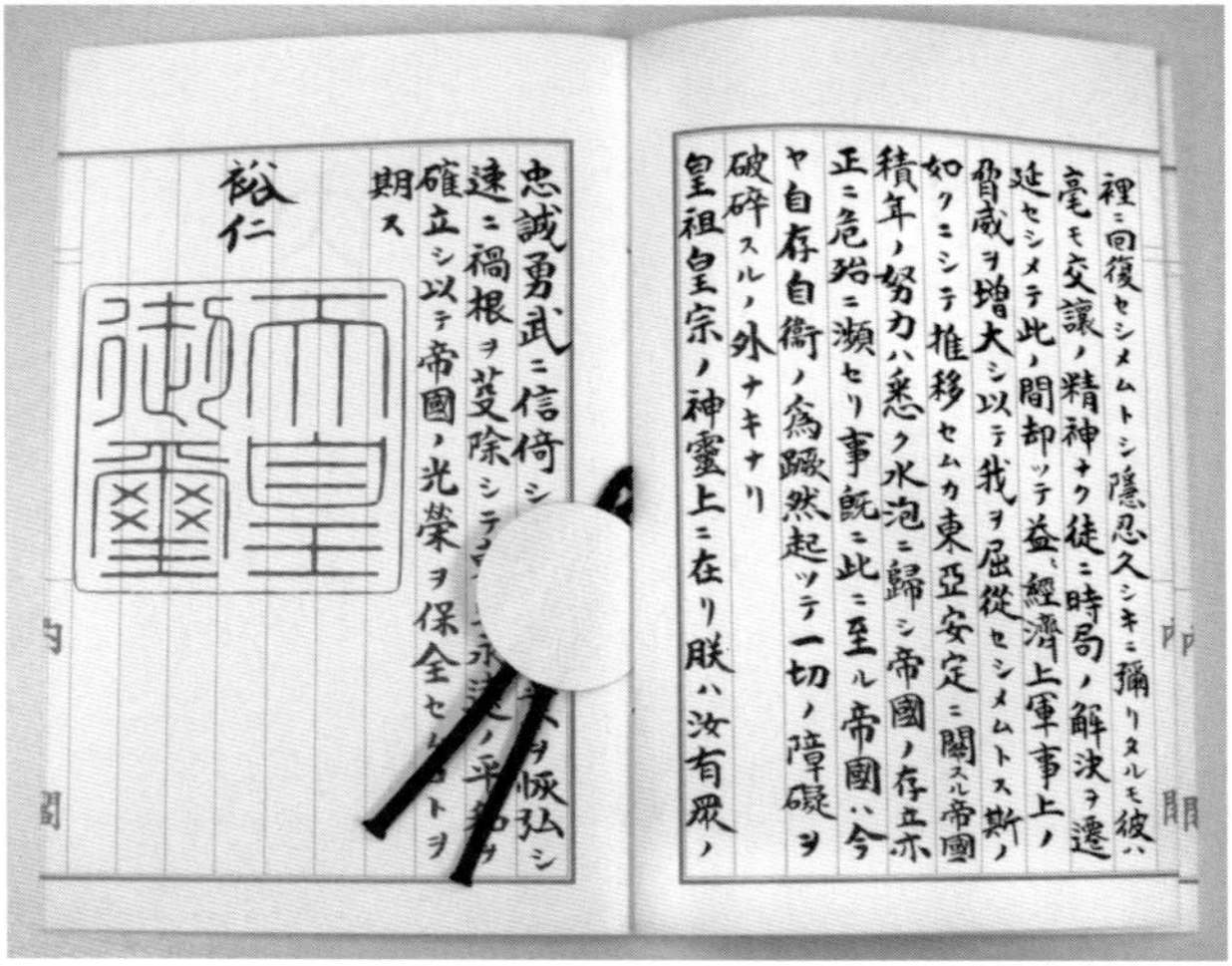

開戦の詔書（レプリカ）の後段部分と昭和天皇の御名御璽（国立公文書館蔵）

天皇の金印、重さ3キロ

御璽は天皇の印章。純金製の角印で一辺が約9センチ、重さ約3キロ、「天皇」「御璽」と2行縦書きで刻まれている。国事行為の際、詔書（天皇が発する公文書）、法律・政令・条約の公布文、条約の批准書、大使・公使の信任状・解任状、認証官の任命書などに押される。国璽は国の印章で、御璽とほぼ同じ大きさの純金製だ。「大日本」「国璽」と2行縦書きで刻まれ、叙勲の際に与えられる証書「勲記」のみに押される。御璽、国璽は宮内庁侍従職で保管されている。「天皇御璽」の印影を確認できる最も古い文書は、平田寺《へいでんじ》（静岡県牧之原市）が所蔵する8世紀の「聖武天皇勅書（聖武天皇施入勅願文《しょうむてんのうせにゅうちょくがんもん》）」。印影は現在とほぼ同じ大きさで、30カ所にわたって押印されている。

皇居内で勤労奉仕の人たちと懇談される上皇ご夫妻＝2008年11月（宮内庁提供）

勤労奉仕団

皇居内でボランティア

連続する平日の4日間、皇居や赤坂御用地で除草、清掃、庭園作業などをするボランティア団体。地域の集まり、職場の仲間、学生有志などで主に構成されている。宮内庁が募集しており、1団体は15人以上60人以内、奉仕期間中の年齢は15～75歳が条件。天皇陛下は住まいの赤坂御所で毎週のように奉仕団と面会し、ねぎらいの言葉を掛けられる。勤労奉仕は、1945年5月の空襲で焼失した宮殿の焼け跡を整理するため、同12月に宮城県内の有志が申し出たのが始まり。当時、昭和天皇は侍従次長の案内で作業場を訪れ、同県内の事情などを30分ほど尋ねたという。昭和天皇にとって、この時が初めて庶民と交わした歓談だったといわれる。

宮内庁担当記者コラム

最高の上司

斉藤範子

天皇陛下は裏表のない気配りの人だ。緊張する相手を和ませようと冗談を言うことも多く、これまでの取材を通し、普段の笑顔に隠された「裏の顔」もないと断言できる。陛下の活動を支える宮内庁の側近の中には、陛下を「最高の上司」と表現する人もいるぐらいだ。

子どもから大人まで、懇談の場などで陛下と言葉を交わした人は、一様に「優しい」「気さくな人」「話しやすかった」と感想を口にする。陛下のたたずまいは常に自然体だが、相手を萎縮させない表情や言葉を長年かけて身に付けたのだろう。

即位前の今年2月、子どもが集まる行事で、陛下の人柄がよく表れた出来事があった。

皇太子夫妻時代の陛下と皇后さまが、東京都千代田区で開かれた青少年読書感想文全国コンクールの表彰式に出席した時のこと。表彰式後に入賞者の小中高校生らと懇談した陛下が突然、数枚の写真を取り出し、子どもたちに見せたのだ。

写真は、英国オックスフォード大留学中の陛下が1984年にスコットランドを旅行した際に撮影したもの。内閣総理大臣賞を受賞した岩手県宮古市の小学3年（当時）の女子児童が課題図書として読んだ「最後のオオカミ」の舞台の一つとなった場所などが写っていた。

側近によると、陛下は当日、「子どもたちに見せたい写真がある。楽しんでもらえるんじゃないか」と話し、住まいの東宮御所から自ら持参したという。写真の存在さえ知らなかった側近は「子どもたちの感想文を読んで昔の旅行を思い出し、写真を探し出したんじゃないか。常に相手のことを考える陛下らしい行動」と話す。

第64回青少年読書感想文全国コンクールの表彰式で、受賞者と懇談される天皇、皇后両陛下＝2019年2月8日、東京都千代田区（代表撮影）

陛下が写真を取り出し、女児に見せると、周りにいた子どもたちも集まって来て、歓声が上がった。舞台の近くのネス湖が写る写真もあり、「ネッシーはいなかったですね」と言う陛下の冗談に、懇談の場は笑い声に包まれた。

この時の懇談では、陛下と皇后さまの絶妙な掛け合いも目にした。

陛下が通った学習院初等科の男子児童が入賞者の一人で、この男児を前に、皇后さまが陛下を指して「大先輩ですね、50年ぐらい」と笑いながら言うと、陛下も「大先輩です」と笑顔で応じたのだ。側近いわく、陛下と皇后さまは普段もこうした掛け合いをして、笑い合っているのだという。

陛下と同じ気配りを、秋篠宮家の長女眞子さまにも感じることがある。

国内や海外の訪問先で地元の人たちが集まっていると、眞子さまは必ず駆け寄り、握手やハイタッチをして回る。分単位で決められた行程の中で、眞子さまが宮内庁の職員や護衛に対し、集まる人たちの方に行ってもいいかと合図を送るのを何度も見たことがあった。

陛下にしても眞子さまにしても、私たちと同じ生身の人間だ。普段の何気ない言動にこそ、素の人柄が表れている。

さいとう・のりこ　２００８年、共同通信社に入社。高松、水戸支局を経て社会部。16年9月から宮内庁担当。ドイツ語が堪能。障がい者スポーツへの関心も強い。

宮内庁

皇居内にある宮内庁＝2019年４月

「オモテ」と「オク」

内閣府に置かれ、皇室関係の国家事務、天皇の国事行為のうち外国大使や公使の受け入れ、天皇の印章「御璽《ぎょじ》」、国の印章「国璽《こくじ》」の保管を担当する役所。職員数は特別職と一般職を合わせて千人余り。人事や会計、広報などのほか、天皇陛下の公的行事のスケジュール編成、拝謁《はいえつ》の手配といった長官官房を中心とする部局は「オモテ」、天皇ご一家の側近部局「侍従職」や上皇ご夫妻の側近部局「上皇職」は「オク」と俗称されている。宮内庁病院や御料牧場、正倉院事務所も所管し、京都にも事務所を持つ。明治維新翌年の１８６９年に宮内省が置かれ、宮内大臣を伊藤博文《いとう・ひろぶみ》が務めたこともある。戦後の１９４９年に宮内庁に改められた。２０１９年度予算の総額は２４０億円。

宮内庁御用達《ごようたし》

1931（昭和6）年に「宮内省御用達」を名乗ることを許された1894（明治27）年創業の果物専門店「銀座千疋屋」＝東京都中央区

御用達制度は戦後廃止

皇室に業者が商品を納めることを指すが、現在は制度化されていない。日本広告審査機構（ＪＡＲＯ）によると、「宮内庁御用達」という文言は歴史的事実として表示するような場合を除き使えない。１８９１（明治24）年に宮内省（後の宮内庁）は、一定の基準を満たした業者にのみ「宮内省御用達」を名乗ることを許した。それでも乱用や詐称は収まらなかったという。１９３５年には業者に対し、５年以上の納入実績や資本金などの報告を求め、許可の有効期間も5年に制限。御用達の商標を広告などに使用しないよう命じた。この制度は54年、商業の機会均等を理由に廃止されたが、廃止後も宮内庁から特別に納入を認められた業者がある一方、納入していなくても「御用達」を名乗る業者は少なくない。

宮内庁病院

皇居内の宮内庁病院＝2001年10月

陛下、病院で誕生

宮内庁が管理・運営する国立の総合病院。1926年、東京・赤坂に開設された「宮内省互助会診療所」が前身で、現在の施設は64年に皇居内の大手門近くに完成した。医師、看護師を合わせた職員数は非常勤も含め現在約40人。天皇や皇族、宮内庁・皇宮警察の職員とその家族が主に利用しているが、職員の紹介があれば一般の国民も受診できる。皇族は元来、宮中に設けられた産室で出産するのが慣例だったが、天皇陛下ご誕生の60年、皇室史上初めて皇太子妃（現在の上皇后さま）の出産先として選ばれた。一般の産湯に当たる「浴湯の儀」は、宮内庁病院内の病室を浴殿に見立て、赤ちゃんを抱いた東宮女官が入り、木製のたらいおけ、ひしゃくで洗う所作を行った。

迎賓館赤坂離宮

改修された迎賓館赤坂離宮で、「朝日の間」を視察される天皇陛下と上皇ご夫妻、秋篠宮ご一家＝2010年5月、東京・元赤坂

華やかな外交活動の舞台

東京・元赤坂の赤坂御用地の北側にあり、1909（明治42）年に皇太子の住まいを指す「東宮《とうぐう》御所」として建設された。皇太子時代の大正天皇はほとんど住んだことがなく、昭和天皇、上皇さまも一時期過ごされただけだった。一帯は江戸時代、紀州藩主の私邸があった場所で、明治維新後に英照《えいしょう》皇太后（孝明天皇の皇后）の住まいが置かれたことから、「赤坂離宮」と呼ばれるようになった。戦後、国に移管され、74年から外交活動の舞台として使用されている。創建当時の姿を残す本館は日本で唯一のネオ・バロック様式で、正門や塀、主庭噴水池などとともに2009年、国宝に指定された。内閣府が、外交儀礼に支障のない範囲で一般公開している。

蹴《け》鞠《まり》

京都・下鴨神社で行われる新春恒例の「蹴鞠初め」＝2019年１月４日

江戸時代は庶民も楽しむ

革靴を履いた数人が、革製のまりを地面に落とさないよう蹴り合う球戯。勝敗はない。７世紀の大和朝廷時代に中国から伝えられたといわれる。「日本書紀」に、現在の奈良県明日香村で蹴鞠に興じる中大兄皇子《なかのおおえのおうじ》（後の天智天皇）と中臣鎌足《なかとみのかまたり》（後の藤原鎌足《ふじわらのかまたり》）が出会う場面の記述がある。宮中で盛んに「蹴鞠会《けまりえ》」が催され、江戸時代に庶民の間でも流行した。明治維新後に途絶えたが、１９０３（明治36）年に明治天皇から贈られたお金で、有志による保存会が結成された。相手が受けやすいように蹴るのが達人とされ、「名足《めいそく》」や「上足《じょうそく》」と呼ばれ称賛された。毎年1月４日に下鴨神社（京都市）で行われる「蹴鞠初《はじ》め」や、春と秋に京都御所（同）で開かれる「宮廷文化の紹介」などで披露している。

建国記念の日

市民団体が開いた「建国記念の日」を考える集会＝2008年２月、東京都千代田区

三笠宮さまから批判も

「古事記」「日本書紀」で初代天皇と伝わる神武天皇が即位したとされる日（２月11日）を「紀元節」と呼び、戦前は日本の国ができた日として祝日となっていた。敗戦により、天皇を神とする考えにつながるとして連合国軍総司令部（ＧＨＱ）の指示で廃止された。しかし、国の大事な日を復活させようという動きが強まり、１９６６年の法改正で「建国記念の日」として復活した。昭和天皇の末弟で歴史学者だった三笠宮《みかさのみや》さま（１９１５～２０１６）は当時、紀元節の復活に強く反発。遺跡の発掘成果や日本書紀の記述を基に、学術的根拠がないと批判したこともあった。現在でもこの日は賛否両派の集会が開かれるが、天皇は宮中三殿に拝礼することが恒例となっている。

元始祭《げんしさい》

宮中祭祀の一つ、秋季神殿祭に臨まれる上皇さま＝2013年９月、皇居・神殿（宮内庁提供）

俗に祝祭日と言うけれど

天皇の私的行為とされる宮中祭祀《さいし》の一つで、天孫降臨という皇位の起こりを1月3日に祝い、賢所《かしこどころ》・皇霊殿《こうれいでん》・神殿《しんでん》の宮中三殿で国と国民の繁栄を祈る。皇太子時代の天皇陛下や、皇后さまも拝礼されてきた。「元始」は「古事記」の序文に記述されている。この日は全国の神社でも祭祀が行われる。元始祭は明治維新後に定められた国の大祭の一つだったが、戦後の１９４７年に皇室祭祀令が廃止されると、天皇の私事として残った。翌48年に「国民の祝日に関する法律」が制定されると、1月3日などに充てられていた祭日は法的になくなった。２０１９年は、天皇陛下の誕生日（2月23日）が即位前に訪れたため、祝日としての天皇誕生日がない。

原発事故と天皇

2012年10月、東京電力福島第1原発事故による放射性物質の除染現場を視察される上皇ご夫妻＝福島県川内村

三重苦の福島とともに

２０１１年3月11日の東日本大震災による地震と津波の影響で、東京電力福島第1原発事故が発生した。天皇在位中の上皇さまは事故直後から原子力の専門家らを皇居に招き、状況の把握に努められた。元側近によると、上皇さまは当時「自衛隊機に乗り、上空から原発を視察したい」と強く希望したが、実現しなかった。上皇さまは同5月、上皇后さまとともに福島市と福島県相馬市を訪問。避難所を見舞い、風評被害に苦しむ農家を励まそうと、私費で福島産のイチゴや野菜を買った。事故後、東電は電力供給を調節するため、1都8県で計画停電を導入。皇居のある地域は対象外だったが、上皇ご夫妻は「困難を分かち合いたい」との強い思いから、一定時間、御所の電気を消した。ろうそくの火で食事をしたこともあった。

皇居

皇居全景＝2010年10月22日

戦前は宮城と呼ばれた

天皇の居所のこと。広さは約１１５万平方メートルで東京ドーム25個分に相当する。天皇と皇后の住まいである御所、宮中晩さん会など主要な行事を行う宮殿、宮内庁の庁舎、皇宮警察本部などがある。１８６８（明治元）年、それまで京都に住んでいた明治天皇が東京入りし、徳川将軍家の居城だった江戸城は「東京城」と改称され、皇居とされた。明治天皇は、いったん京都に戻って翌69年、再び東京に入った。88（明治21）年以降「宮城《きゅうじょう》」と称されていたが、太平洋戦争後の１９４８年に宮城の呼称は廃止され、皇居と改められた。宮殿などを見て回れる一般参観のほか、旧江戸城の本丸・二の丸・三の丸の一部を整備した東御苑は一般公開されている。

皇居のタヌキ

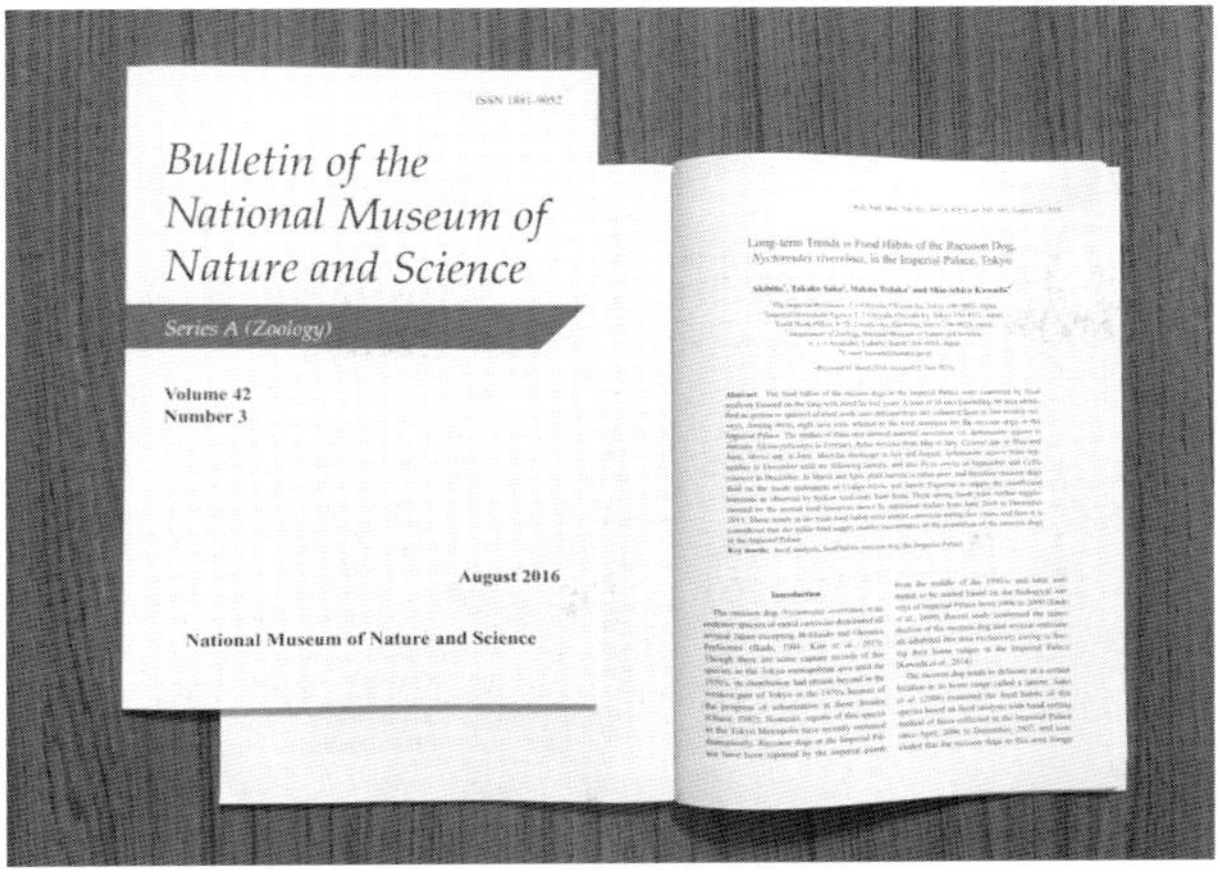

上皇さまが2016年に発表されたタヌキに関する研究論文（宮内庁提供）

「ふん」も研究

上皇さまの研究といえば、ハゼが有名だが、皇居に十数匹生息しているとみられるタヌキも研究対象になっている。天皇在位中の上皇さまは2009年1月から約5年間、毎週日曜に皇居・御所近くのタヌキの「溜《ため》糞《ふん》場《ば》」で計164個のふんを採集、顕微鏡で内容物を分析して、季節的な変化を調べられた。主要な餌として、ムクノキなど8種類の植物を季節ごとに食べていることが分かり、「皇居におけるタヌキの果実採食の長期変動」と題した論文を国立科学博物館の研究員らとともに執筆、16年10月に発表した。タヌキがふんをする1カ所を5年にわたって調べた研究論文は国内外で初めてといわれる。これ以前の08年にも、上皇さまは皇居のタヌキの生態に関する共著論文を発表している。

皇宮警察本部

皇居内にある皇宮警察本部＝2001年10月

和歌や茶道の修練も

天皇陛下や皇族の護衛、皇室関連施設の警備が任務で、皇居内の本部庁舎など東京以外に、御用邸がある栃木、神奈川、静岡、さらに京都、奈良にも配置され、勤務地は1都1府4県にまたがる。定員は936人で、警備部、護衛部など2部10課、4護衛署などで構成される。警察官ではなく皇宮護衛官と呼ばれ、身分は国家公務員。1886（明治19）年に宮内省主殿寮に皇宮警察署が創設され、1954年、警察法に基づき警察庁の付属機関となった。警察で唯一消防活動を行うのが特徴で、4護衛署には警防車（消防車）が配備され、皇居などの消火作業を担う。また、陛下や皇族と接する機会も多く、配属前の皇宮警察学校では和歌や書道、茶道などが必修科目となっている。

皇室

天皇、皇后両陛下と上皇ご夫妻ら皇族方＝2018年４月、東京・元赤坂の赤坂御苑

天皇は皇族に含まない

天皇と皇族の総称。天皇は皇族に含まない。2019年4月30日をもって退位された上皇さまは、皇族に戻った。国勢調査では国民の一人にそれぞれ数えられる皇室だが、戸籍法は適用されず、姓がない。名や生年月日、出生場所などは「皇統《こうとう》譜《ふ》」に記載され、正本を宮内庁書陵部、副本を法務省が保管している。選挙権や被選挙権もないとされている。皇族は法律上、皇后、太皇太后《たいこうたいごう》（先々代の天皇の皇后）、皇太后《こうたいごう》（先代の天皇の皇后）、親王（天皇の子と孫に当たる男性）、親王妃、内親王（天皇の子と孫に当たる女性）、王（天皇のひ孫とそれより遠い世代の男性）、王妃、女王（天皇のひ孫とそれより遠い世代の女性）と規定。現在の皇室には皇太子のほか、太皇太后、皇太后、王、王妃はいない。

皇室会議

宮内庁の特別会議室で開かれた皇室会議＝2017年12月１日

退位日決めた国の機関

皇室典範に基づき、皇室に関する重要事項を議決する国の機関。皇位継承の順位変更、立后《りっこう》および男性皇族の婚姻、皇族の身分の離脱、摂政の設置および廃止などを審議する。立后とは、皇后、皇太后《こうたいごう》（先代の天皇の皇后）、太皇太后《たいこうたいごう》（先々代の天皇の皇后）を正式に定めること。女性皇族は民間人と結婚すると皇族の身分を離れるため、審議の対象にならない。会議のメンバーは10人で、首相を議長とし、皇族２人、衆参両院の正副議長、最高裁長官、最高裁判事１人、宮内庁長官で構成される。欠員が生じた場合、国会議員や最高裁判事ら「予備議員」が充てられる。宮内庁で２０１７年12月１日、上皇さまの退位日を決めるために会議が24年ぶりに開かれた。

皇室典範

天皇陛下の退位実現について審議する参院特別委で、趣旨説明する菅官房長官＝2017年６月

退位の礼は「想定外」

日本国憲法に基づき、皇室に関する重要事項を定めた法律。１９４７年に憲法と同日施行され、財政関係は「皇室経済法」に、訴訟関係は一般法規に委ねられた。皇室典範は①皇位継承②皇族③摂政④成年、敬称、即位の礼、大喪の礼、皇統譜および陵墓⑤皇室会議―の各章から成る。皇位継承を「天皇が崩じたとき」と規定しているため、天皇の退位と皇太子の即位を可能にする法整備が急務となり、現在の上皇さま一代限りの退位を認める「天皇の退位等に関する皇室典範特例法」が成立、２０１７年６月16日に公布された。政府は同12月８日、退位日を19年４月30日と定める政令を閣議決定。皇室典範に規定のない「退位の礼」を国事行為として行う方針を18年２月に示した。

皇室の財産と納税

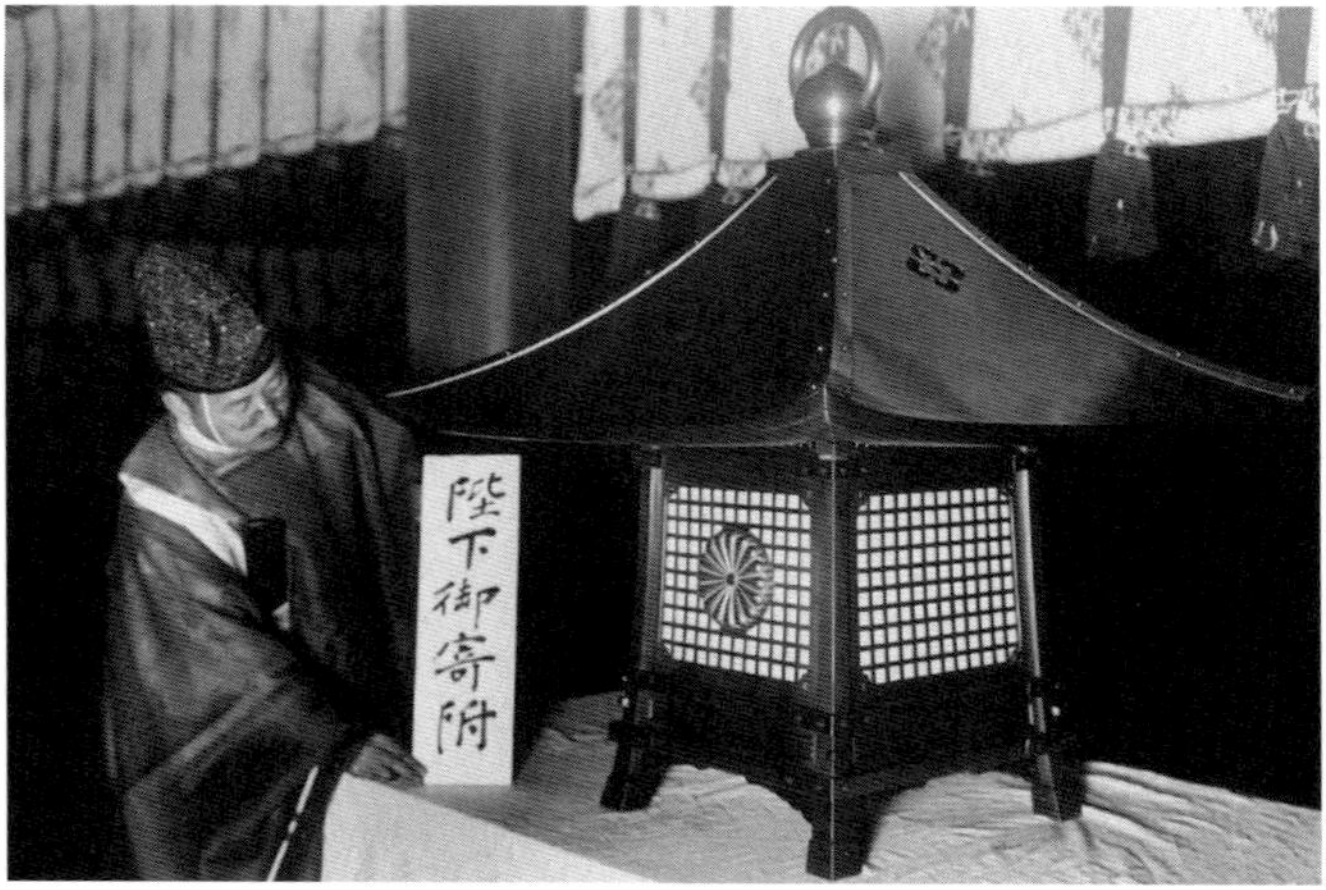

昭和天皇が靖国神社に寄付された角型釣灯籠＝1930年12月

陛下にも納税義務

ベールに包まれていた昭和天皇の私有財産は、逝去後の１９８９年７月、相続手続きに伴い公表された。遺産総額は約18億６９００万円。預金や株券、債券などが大半だった。上皇さまは宮内庁皇室経済主管名義で東京・麹町税務署に約４億２８００万円とみられる相続税を納付。遺産から５千万円が日本赤十字社に寄付された。美術、工芸品の大半の約３１８０点も国に寄贈した。三種の神器をはじめ、皇太子の印として代々伝わる太刀「壺切《つぼきり》の剣」や宮中三殿など約６００件は「皇位とともに伝わるべき由緒ある物」（皇室経済法７条）として非課税となった。皇室は相続税だけでなく、著作の印税、講演料、株の配当といった収入があれば、一般国民と同様、所得税の納税義務を負う。

皇室費

内廷費と皇族費の増額を決めた皇室経済会議＝1995年12月、宮内庁

皇室財産、国に帰属

憲法88条で、全ての皇室財産は国に属し、皇室の費用は国会の議決が必要と定めている。皇室の費用は「皇室費」と呼ばれ、皇室経済法に基づき内廷費、皇族費、宮廷費に分かれる。内廷費は、天皇陛下と皇后さま、長女愛子さま、上皇ご夫妻までを範囲とする「内廷皇族」の日常経費に充てられる。一部貯蓄も含む。宮内庁の公金ではない一家の「お手元金」として、天皇の私的行為とされる宮中祭祀《さいし》の費用も支出される。２０１９年度予算で３億２４００万円。皇族費は、皇族の品位保持のための私的経費で、宮家当主に年額３０５０万円、妃《きさき》にその半額などが支出される。宮廷費は公務や要人のもてなしといった公的活動や宮殿の修繕などに必要な費用で、１１１億４９０３万円となっている。

宮内庁担当記者コラム

両陛下の「お買い物」

志津光宏

「マ、マツタケ?」。園児たちと楽しそうに遊ぶ天皇陛下の声が一瞬裏返った。2019年6月。天皇、皇后両陛下は、視察先の東京都港区内の保育園で「買い物ごっこ」に参加された。画用紙で作った果物や野菜を売る園児に、手作りの買い物袋とおもちゃのお金を手に客となった両陛下。「おすすめはなんですか?」と尋ねた陛下に、園児が答えたのは高級食材のマツタケだった。

都心の一等地にある保育園だったので、富裕層の子どもたちが通っているとみられる。買い物ごっこでは、なじみのない商品も並んだ。キノコと言えば、シイタケなどが一般的だろう。園児の思わぬ返答に、陛下の驚いた様子が伝わった。周りにいた側近や記者からも思わず笑みがこぼれる。両陛下は買った商品を袋に入れ、笑顔でその場を後にした。

視察先で両陛下は、居合わせた人たちとのやりとり「お声掛け」をすることが多い。対象は子どもから高齢者まで幅広く、一人一人と丁寧に対応する。普段、両陛下へ直接取材ができない記者にとって、お声掛けは両陛下が何に興味を示し、どのように国民に寄り添うかを知る良い機会だ。

ただ、取材を重ねていると、お声掛けのパターンが見えてくる。高齢者には「体調はいかがですか」。絵を描いた人や、楽器を演奏している人には「いつからやられているのですか」。子どもには「学校は楽しいですか」。陛下の驚く様子を見ることが少ない筆者にとっても、買い物ごっこでの園児とのやりとりは新鮮で、陛下の「人間らしさ」を感じた。

視察を終え、保育園を後にする両陛下の手には、園

東京・六本木の保育園を訪れ、園児と交流される天皇、皇后両陛下＝2019年6月21日（代表撮影）

児から購入した商品が入った買い物袋がぶら下がっていた。記者の一人が「たくさん買えましたね」と声を掛けた。両陛下は表情を緩ませて私たちの方を向き「ええ」と応えた。

その後の園長への取材で、両陛下が「この買い物袋やお金は、普段子どもたちが遊んでいるおもちゃじゃないですか？　私たちがもらっても良いのですか？」と尋ねていたことが分かった。もし普段遊んでいるおもちゃだったら、返すつもりだったのだろう。相手が子どもでも気遣いを忘れない姿に私自身も驚いた。

皇室全体が若返り、令和に入ったことを感じることが多くなった。平成の時代、高齢となった上皇ご夫妻からは、ある種の畏れ多さを感じる人も多かったと思う。声を掛けられた人たちを見ると、どこかかしこまっているように感じた。

両陛下をはじめ、戦後世代が中心の皇室が、上皇ご夫妻が築いた国民に寄り添う姿勢を踏襲しながらも、新しい形で国民にアプローチしていく。元気の良い園児たちに囲まれ、一緒になって笑い合う両陛下の姿に、国民との距離がぐんと縮まった皇室を見たような気がした。

しづ・みつひろ　２０１２年、共同通信社に入社。福岡支社編集部、和歌山、静岡支局を経て社会部。17年3月から宮内庁担当。

講《こう》書《しょ》始《はじめ》の儀

「講書始の儀」で京都大の本庶佑特別教授（右）の講義を受けられる上皇ご夫妻と皇族方＝2019年１月11日、宮殿・松の間（代表撮影）

研究者の〝晴れの舞台〟

天皇と皇后が毎年1月10日前後に皇居・宮殿の正殿「松の間」で、書物の講義が語源の「講書」を受けられる儀式。人文科学、社会科学、自然科学の3分野から進講役が選ばれ、約15分ずつ研究テーマを解説する。皇族が列席するほか、文部科学相、日本学士院会員、日本芸術院会員らも傍聴する。進講役は大学の名誉教授が多く、優れた研究を内外に示す〝晴れの舞台〟にもなっている。

１８６９（明治２）年に明治天皇が学問奨励のために定めた「御講釈始《ごこうしゃくはじめ》」が始まりとされ、当初は「国書」「漢書」について説明を受け、その後「洋書」も加わった。１９５３年から現在と同じ３分野となった。２０１８年、皇后さまが03年以来15年ぶりに出席した。

孝明天皇

参拝のため孝明天皇陵に向かわれる上皇さま＝2019年６月12日、京都市（代表撮影）

会津藩に信頼寄せた天皇

明治天皇の父で、江戸時代最後の第１２１代天皇。１８４６（弘化３）年の即位から21年にわたった在位中、元号は６回変わった。将軍徳川慶喜《とくがわ・よしのぶ》の側近で京都守護職だった会津藩主松平容保《まつだいら・かたもり》に厚い信頼を寄せる一方、長州藩を嫌悪していたとされる。明治維新から60年の１９２８年、孝明天皇のひ孫で昭和天皇の弟の秩父宮さまが、容保の孫の勢津子《せつこ》さまと結婚すると、会津の関係者は「朝敵の汚名をそそいだ」と喜んだという。孝明天皇は１８６７（慶応３）年１月30日に35歳で死去し、泉涌寺《せんにゅうじ》（京都市東山区）で葬儀が行われた。この寺の境内に孝明天皇陵「後《のち》月輪東山陵《つきのわのひがしのみさざき》」がある。命日には皇居・皇霊殿《こうれいでん》で「孝明天皇例祭の儀」が営まれるほか、陵でも祭事が行われる。

黄櫨染袍《こうろぜんのほう》

伊勢神宮・外宮で参拝を終えられた黄櫨染袍姿の上皇さま＝1990年11月

天皇の〝フォーマルウエア〟

即位の礼などの重要儀式で、天皇のみが身にまとうことを許される装束の上着（袍）。桐《きり》、竹、鳳凰《ほうおう》、麒麟《きりん》の地紋があり、夏用は生糸を練らないままの「生絹《きぎぬ》」、冬用は練り糸で織った「練絹《ねりぎぬ》」でできているという。「黄櫨染」は染色の一つで、ハゼノキの樹皮、スオウの木の中心に近い部分それぞれの煎じ汁に、あく、酢を加えて染め出すといわれる。独特なカラーは「赤みがかった黄色」「黄色みを帯びた茶色」などと表現される。袍の色は、律令《りつりょう》制度下の序列によって決められ、黄櫨染は9世紀に嵯峨天皇が最高位を示す色と定めた。即位の儀式では江戸時代末期まで中国風の伝統的な礼装が用いられていたが、明治天皇に代わって黄櫨染袍が正装となった。

国事行為

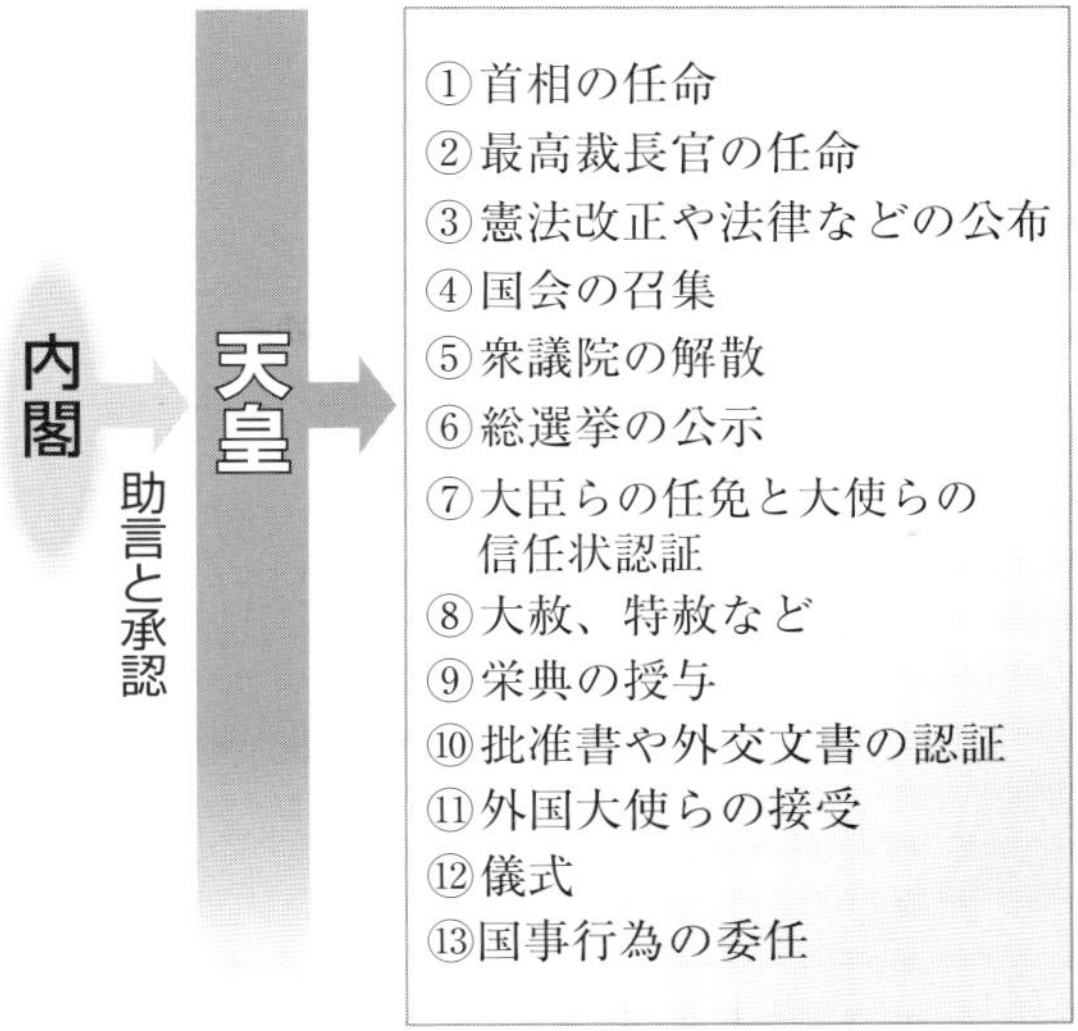

憲法が定める天皇の仕事

憲法が定める天皇の仕事を指す。内閣の助言と承認を必要とし、国事行為に関する書類の決裁が天皇陛下の日常公務の中心だ。首相や最高裁長官の任命、国会召集、衆院解散、憲法改正・法律・政令および条約の公布などが、それに当たる。天皇の代替わりに伴い、新たに２０１９年４月30日に執り行われた「退位の礼」、秋篠宮さまが皇位継承順１位の皇嗣《こうし》になることを示す20年４月19日の「立皇嗣《りっこうし》の礼」が国事行為とされた。政教分離の原則から、政府は宗教色が強い大嘗祭《だいじょうさい》を国事行為としない一方で、「皇位継承に伴う重要な皇室行事」と位置付け、公費支出を決めた。象徴である天皇が日本の代表者として振る舞う重要な行事であっても、国賓をもてなす宮中晩さん会は国事行為ではない。

御所

皇居・御所

皇居にもう一つの御所

皇居・吹上《ふきあげ》地区にある天皇と皇后の住まいで、1993年12月から上皇ご夫妻が使われている。地下1階、地上2階建て（いずれも一部）の鉄筋コンクリート造りで、床面積約4900平方メートル。森に囲まれた皇居奥深くに位置し、居室のほか、「三種の神器」のうち天叢雲剣《あめのむらくものつるぎ》のレプリカと八坂瓊曲玉《やさかにのまがたま》（勾玉《まがたま》）の本体を安置する「剣璽《けんじ》の間」や、侍従、侍医が泊まり込みで待機する控室もある。広間なども備え、外国要人との面会の場にもなる。2017年に来日したトランプ米大統領も御所で懇談した。上皇ご夫妻が退去後は、改修を経て天皇、皇后両陛下と長女愛子さまが入居する。北東へ150メートル離れて昭和天皇と香《こう》淳《じゅん》皇后が暮らしていた「吹上大宮《おおみや》御所」があるが、香淳皇后が2000年に死去してからは誰も住んでいない。

御養蚕所

皇居内の御養蚕所（宮内庁提供）

皇居はシルクも生む

皇居では明治以降、蚕を育て、繭から糸を取る「養蚕」が歴代の皇后に受け継がれている。明治天皇の皇后だった昭憲《しょうけん》皇太后が１８７１（明治4）年、産業奨励のため、宮中で長らく途絶えていた養蚕を再開。１９１４（大正3）年には皇居に「紅葉山《もみじやま》御養蚕所」が建てられ、毎年5月から6月にかけて明治時代とほぼ同じ工程で作業が行われている。蚕に桑の葉を与える「給桑《きゅうそう》」、わらを編んだ網「蔟《まぶし》」に成長した蚕を移す「上蔟《じょうぞく》」、蔟から最初に繭を外す「初繭掻《はつまゆかき》」などが主な流れ。御養蚕所では、上皇后さまが守ってきた日本純産種の「小石丸《こいしまる》」など3種類の蚕12万～15万匹を飼育し、２０１７年は約１６０キロの繭を収穫。小石丸から取れた絹糸は奈良の正倉院宝物などの修復に使われている。

御用邸

沼津御用邸で皇太子時代の大正天皇（右端）と手をつなぐ幼少期の昭和天皇。その隣の子どもは昭和天皇の弟の秩父宮＝1904（明治37）年ごろ

憩いの森は上皇さまの意向

明治以降に設けられ、皇室が避暑や避寒などのために利用する別荘。かつては全国各地にあり、東京都心にも点在していたが、現在は葉山御用邸（神奈川県葉山町）、那須御用邸（栃木県那須町）、須崎御用邸（静岡県下田市）の3邸しかない。葉山御用邸は１８９４（明治27）年に置かれ、そこで療養していた大正天皇が１９２６（大正15）年に死去した。那須御用邸はこの年に完成。即位前の昭和天皇が欧州から帰国後、「こぢんまりしたものを」と希望したのがきっかけといわれる。天皇在位中の上皇さまの意向で２００８年、御用邸用地の半分に当たる約５６０ヘクタールが宮内庁から環境省に移管され、11年に「那須平成の森」として一般開放された。須崎御用邸は、沼津御用邸（静岡県沼津市）の廃止に伴い、１９７１年に新設された。

御料牧場

雑木林で囲まれた敷地内に牧草の耕地や放牧地が広がる宮内庁御料牧場＝2010年11月、栃木県

成田空港開港で移転

宮内庁が栃木県内で管理する「皇室の牧場」で、乗用馬や家畜を飼育し、宮中晩さん会で使われる牛乳、肉、卵なども生産している。外交団をバーベキューなどでもてなす場としても使われる。明治政府が１８７５（明治８）年、現在の成田空港（千葉県成田市）付近に設置したのが始まり。政府の実力者だった大久保利通《おおくぼ・としみち》の進言で決まったといわれる。空港が開港するのに伴い１９６９年、栃木県高根沢町・芳賀町にまたがる丘陵地に移転した。総面積は東京ドーム約54個分に相当する約２５２ヘクタール。口蹄疫《こうていえき》や高病原性鳥インフルエンザなど家畜伝染病の予防のため、一般見学は原則受け付けていない。牛乳や採れた野菜は２日に１度、宮内庁大膳課に運ばれ、余った牛乳が庁内の職員食堂で販売されている。

03年12·3	■ 皇后さま、帯状疱疹（ほうしん）と診断
04年5·10	■ 陛下、訪欧前の記者会見で「雅子のキャリアや人格を否定するような動きがあったことも事実」と発言
7·30	■ 宮内庁、皇后さまの病名を「適応障害」と公表。療養生活へ
05年3·24	■ 陛下、名誉総裁を務めた愛知万博の開会式に出席
06年 8·17~31	■ 静養のためご一家でオランダへ
07年6·6	■ 陛下、十二指腸ポリープ切除手術
11·1	■ 陛下、国連「水と衛生に関する諮問委員会」名誉総裁に就任
08年2·13	■ 宮内庁長官が記者会見で「（ご一家が御所に上皇ご夫妻を訪ねる）参内が増えていない」と陛下に苦言を呈したことを明らかに
4月	■ 愛子さま、学習院初等科入学
10年3·5	■ 宮内庁、通学への不安から愛子さまが登校できない状態、と発表
11年3·11	■ 東日本大震災
4·6	■ 震災後初めて東京都内の避難所訪問
6·4	■ 宮城県の被災地入り
7月~8月	■ 福島県郡山市の避難所や岩手県大船渡市の仮設住宅など訪問
9·27	■ 愛子さま、平日としては約１年半ぶりに付き添いなしで登下校
13年3·6	■ 陛下、ニューヨークの国連本部での「水と災害に関する特別会合」で講演
4·28~5·3	■ 新国王即位式出席のためオランダへ。皇后さまの海外公式訪問は約11年ぶり
8·20	■ 東日本大震災のお見舞いで宮城県へ。被災地訪問は約２年ぶり。9月には福島県へ
10·12	■ 全国障害者スポーツ大会開会式に10年ぶりにご夫妻で出席
11·1	■ 東日本大震災のお見舞いで岩手県へ
14年4月	■ 愛子さま、学習院女子中等科入学
7·29	■ ご一家で伊勢神宮参拝。愛子さまは初めて
15年11·12	■ 園遊会に皇后さまが12年ぶりに参加
16年8·8	■ 上皇さまがビデオメッセージで退位への思いを示す
11日	■ 長野県・上高地での第1回「山の日」記念式典にご一家で出席。愛子さまの地方公務同行は初めて
17年4月	■ 愛子さま、学習院女子高等科入学
6·9	■ 上皇さまの退位を実現する皇室典範特例法が成立
12·1	■ 退位日に関する皇室会議開催
8日	■ 閣議で「19年4月30日の退位」を決定
18年 9·7~15	■ 陛下、日仏友好160周年でフランスを初めて公式訪問
11·9	■ 平成最後の園遊会。皇后さま15年ぶりに最後まで参加
19年4·1	■ 新元号「令和」決定
30日	■ 上皇さま退位
5·1	■ 新天皇即位

天皇ご一家の歩み

1960年 2月23日	天皇陛下が誕生
29日	昭和天皇が「浩宮徳仁」と命名
63年 12・9	皇后雅子さまが誕生
65年 8月	皇后さま、父の転勤でモスクワへ
66年 4月	陛下、学習院初等科入学
68年 5月	皇后さま、米ニューヨークへ
72年 4月	皇后さま、田園調布雙葉小3年に編入
74年 8・16～30	陛下、オーストラリアへ初海外旅行
78年 4月	陛下、学習院大文学部史学科入学
79年 9月	皇后さま、米ベルモントハイスクールに編入
80年 2・23	陛下、皇居で成年式
81年 9月	皇后さま、米ハーバード大経済学部入学
82年 3月	陛下、学習院大卒業
4月	陛下、学習院大大学院に進学
10・3～18	陛下、ブラジルへ初の外国公式訪問
83年 6・20	陛下、オックスフォード大留学で英国へ
85年 6月	皇后さま、ハーバード大卒業
10・31	陛下、留学から帰国。帰途米国を訪問
86年 4月	皇后さま、東大法学部に学士入学
10・18	スペイン・エレナ王女の歓迎パーティーで両陛下が出会う
87年 4月	皇后さま、外務省入省
9・19～22	陛下、国体出席などで初の沖縄へ。ひめゆりの塔など視察
10・3～10	陛下、国事行為を初めて臨時代行
88年 3月	陛下、大学院修士課程修了
7・1	皇后さま、研修留学で英国へ
89年 1・7	昭和天皇逝去、皇太子となる
9・23～10・1	皇太子として初の外国公式訪問でベルギーへ
90年 2・28	陛下、東宮仮御所に移って独立
7月	皇后さま、外務省北米2課勤務
91年 2・23	立太子の礼
9・11～24	陛下、オックスフォード大で名誉法学博士号を授与される
92年 8・16	両陛下が約5年ぶりに再会
10・3	千葉県の宮内庁新浜鴨場で極秘デート
12・12	再度のプロポーズを皇后さまが承諾
93年 4・12	「納采の儀」で正式に婚約
6・9	結婚の儀
94年 11・5～15	結婚後初の外国訪問でサウジアラビア、オマーン、カタール、バーレーンへ
95年 1・17	阪神大震災
20～28日	クウェート、アラブ首長国連邦、ヨルダン訪問。震災で日程短縮
2・26	兵庫県西宮市、芦屋市の震災慰霊祭に
3・5	兵庫県尼崎市、宝塚市、神戸市の慰霊祭に。淡路島も訪問
99年 12・30	皇后さま、稽留流産のため宮内庁病院で手術
2001年 5・15	宮内庁、皇后さまが妊娠3カ月と発表
12・1	長女愛子さま誕生
02年 4・2	皇后さま、記者会見で愛子さま誕生に「生まれてきてありがとう」と涙ぐむ
12・5	皇后さま、記者会見で「6年間、外国訪問することが難しいという状況は、適応に大きな努力が要った」と発言

済生会

2011年5月、済生会の創立100周年記念式典に出席された上皇ご夫妻（中央）＝東京・代々木の明治神宮会館

生みの親は明治天皇

東京に本部を置く日本最大の社会福祉法人で、正式には「恩賜財団済生会」という。40都道府県で97の病院・診療所や293の福祉施設などを運営し、岡山、広島、香川、愛媛の4県支部は、瀬戸内海の離島を巡る日本唯一の診療船「済生丸」を運航している。済生会の創立は1911（明治44）年5月。この年の2月、明治天皇が「生活苦で医療を受けることができずに困っている人たちに薬を施し、治療することで『済生』の道を広めなさい」という趣旨の言葉を桂太郎《かつら・たろう》首相に語り、下賜したお手元金が基になった。以来、トップの総裁は皇族が務めており、2013年に秋篠宮さまが第6代総裁に就任された。戦後に恩賜財団は解散し、社会福祉法人として再出発したが、由来として名称に残している。

斎田《さいでん》

1990年の大嘗祭の際、悠紀地方の「斎田」で収穫された米
＝秋田県五城目町

東西2カ所から米献上

即位した天皇が一代に一回限り行う重要な儀式「大嘗祭《だいじょうさい》」で使う米を収穫する田のこと。カメの甲羅をあぶって生じた亀裂を見る占い「亀卜《きぼく》」によって、斎田が属する「悠紀《ゆき》国」「主基《すき》国」二つの地方を決める。悠紀、主基はそれぞれ、一説に「聖域」「副次」の意味があるという。悠紀、主基は7世紀の天武・持統朝から記録にあり、昭和以前は、大嘗祭など即位の関連儀式が行われた京都を境に東西が分けられ、昭和天皇の時は悠紀が滋賀県に、主基が福岡県に選ばれた。平成以降は即位の関連儀式の舞台が京都から東京に移ったため、新潟、長野、静岡の各県を境に、この3県を含めた東側から悠紀地方、反対に西側から主基地方を決めている。天皇代替わり後の２０１９年５月13日に行われた亀卜では、悠紀が栃木県、主基が京都府に決まった。

三種の神器

2014年３月、上皇ご夫妻の伊勢神宮参拝に随行し、黒いケースに入った「三種の神器」の剣と璽を掲げ、新幹線に乗り込む侍従＝東京駅

鏡・剣、伊勢や熱田に

天照大神《あまてらすおおみかみ》から皇孫に授けられたと伝えられる宝物で、皇位の継承に不可欠とされる。八咫鏡《やたのかがみ》、天叢雲剣《あめのむらくものつるぎ》（草薙剣《くさなぎのつるぎ》）、八坂瓊曲玉《やさかにのまがたま》（勾玉《まがたま》）があり、このうち剣と勾玉を併せて剣璽《けんじ》と称する。相続税法上、非課税の対象。鏡の本体は伊勢神宮の内宮《ないくう》（三重県伊勢市）に、剣の本体は熱田神宮（名古屋市）にそれぞれ祭られている。鏡のレプリカが皇居・宮中三殿の一つ「賢所《かしこどころ》」に、剣のレプリカと勾玉の本体は御所「剣璽の間」に安置されていたが、天皇陛下が即位した２０１９年５月１日に国事行為として「剣璽等承継の儀」が開かれると、三種の神器のうち剣璽が御璽《ぎょじ》（天皇の印章）・国璽《こくじ》（国の印章）とともに陛下が仮住まいされている赤坂御所に移された。

三の丸尚蔵館

三の丸尚蔵館の展覧会を鑑賞される天皇、皇后両陛下＝2019年６月19日、皇居・東御苑（代表撮影）

狩野永徳の傑作も収蔵

皇居・東御苑にある宮内庁所管の宝物殿。皇室に代々受け継がれた絵画、書、工芸品などが１９８９年、国に寄贈されたのを機に92年に建設、翌93年開館し一般公開されている。入館料は無料。

歴史の教科書に取り上げられる鎌倉時代の絵巻「蒙古襲来絵詞《もうこしゅうらいえことば》」や「春日権現験記絵《かすがごんげんげんきえ》」、狩野永徳・常信の傑作「唐獅子図屏風《からじしずびょうぶ》」をはじめ、葛飾北斎80歳の肉筆画「西瓜図《すいかず》」、横山大観の墨画「朝陽霊峯《ちょうようれいほう》」、高村光雲の木彫り「矮鶏置物《ちゃぼおきもの》」など現在約９８００点を収蔵している。２０１７年５月に開館以来の入館者が６００万人に達した。収蔵品の増加で手狭になったとして、宮内庁は18年6月、現在の建物を取り壊し、25年度ごろの完成を目指し建て直す方針を明らかにした。

侍医

皇后さまの愛子さま出産について記者会見する川口政行・東宮侍医長（左から２人目）ら＝2001年12月、宮内庁

担当医、多くは東大出身

天皇陛下は上皇さまと同様、多忙な年始の公務や儀式が一段落した時期に健康診断を受けられる見通しだ。陛下と皇后さまの医療を担う宮内庁侍従職所属の医師が「侍医」で侍医長を含めた４人が当直もこなす。一方、皇室の医療を統括する皇室医務主管は、宮内庁で「オモテ」と呼ばれる長官官房に置かれる。こうした医師たちは伝統的に東大出身が多い。上皇さまは２００３年１月、前立腺がんのため東大病院で摘出手術を受けた。歴代天皇の手術が宮内庁病院以外で行われたのは初めてだった。12年２月には狭心症のため、東大病院で心臓の冠動脈バイパス手術を受けたが、執刀医の中心は日大出身の現順天堂大順天堂医院長、天野篤《あまの・あつし》氏だった。

式部職《しきぶしょく》

「長良川鵜飼」でアユを追う鵜匠＝2018年5月、岐阜市の長良川

長良川鵜匠は国家公務員

皇室の儀式や行事、外国との交際、国賓や外交団のもてなしなどを担当する宮内庁の内部部局の一つ。雅楽のほか、宮中晩さん会などで洋楽も演奏する楽部《がくぶ》も属している。式部職のトップは式部官長。元首との会見に立ち会い、その内容を記者クラブ側に説明する。雅楽は、1400年以上前に中国から伝来した音楽や踊りと、日本古来の芸能が結びついて発展したもので、国の重要無形文化財。2009年、国連教育科学文化機関（ユネスコ）の無形文化遺産に登録された。長良川の「御料鵜飼《ごりょううかい》」でアユ漁をする鵜匠《うしょう》は、式部職の国家公務員。式部職の鵜匠は現在9人いるが、男性に限る世襲制となっている。

侍《じ》従《じゅう》

国会開会式から帰路につく昭和天皇、後列左から富田朝彦宮内庁長官、卜部亮吾侍従、右端は入江相政侍従長＝1982年2月、国会

「ご下問」受ける側近

天皇陛下の秘書的な役回りを担う側近で、宮内庁の一部局「侍従職」に属する特別職の国家公務員。定年はない。普段から近くに控え、陛下と皇后さまが仮住まいをされている赤坂御所で当直もこなす。さまざまな「ご下問《かもん》（質問）」を受けるため、陛下の日常の言葉を聞く立場にある。侍従職トップの侍従長も務めた入江相政《いりえ・すけまさ》氏のほか、卜部亮吾《うらべ・りょうご》氏、小林忍《こばやし・しのぶ》氏ら昭和天皇に仕えた侍従の日記は、貴重な「昭和史の証言」となっている。現在の侍従職は75人体制。天皇代替わりに伴い、侍従職から新設の「上皇職」に大半がスライドした職員の総数は65人。上皇さまが一切の公務から身を引いたため、事務方が減った。上皇ご夫妻の高齢を考慮し、医療・看護態勢は変えない。また、皇位継承順1位の皇嗣《こうし》となった秋篠宮さまのご一家を支える「皇嗣職」は51人体制となっている。

四方拝《しほうはい》

南庭で四方拝が行われてきた皇居・神嘉殿＝2008年３月（宮内庁提供）

新年最初の宮中祭祀

天皇の私的行為とされる宮中祭祀《さいし》の一つで、新年最初に執り行われる。皇族は参列しない。この祭祀は１月１日午前５時半ごろ、天皇が皇居・神《しん》嘉殿《かでん》の南庭に設けられた囲いの中で着座し、伊勢の神宮（三重県伊勢市）や歴代の天皇陵、四方の神々に向かって拝礼、災いをはらい、作物の実りが豊かで国と国民が安らかであるように祈る。中国を起源とし、日本では平安時代に宮中祭祀として定着したとされる。天皇に倣って、公家のみならず庶民の間に広がったこともあった。明治以前の天皇は１月１日の寅《とら》の刻（午前４時ごろ）に、京都御所の清涼殿《せいりょうでん》前庭で拝礼し、まじないを唱えていた。例年冷え込みが厳しい中で行われる祭祀のため、２０１２年以降は天皇在位中の上皇さまの体調が考慮され、拝礼場所を住まいの皇居・御所の庭などに移した。

笏《しゃく》

「御袍《ごほう》御更衣《ごこうい》之儀式」で65年ぶりの衣替えをした聖徳太子像＝1994年11月、京都市右京区の広隆寺

多目的に使われたツール

天皇陛下や男性皇族らが重要儀式などの際、右手に持つ細長い薄板。剣の代わりに持つものとして古代中国から伝わったといわれ、厩戸王《うまやどのおう》（聖徳太子）の肖像画にも描かれている。8世紀以降、神社の神職へと広まったという。読み方は本来「こつ」だが、「骨」を連想させ不吉だとして「しゃく」と呼ぶようになったとの説がある。威儀を正すために用いられてきたが、貴族や武家の間では必要事項を記した紙（笏紙《しゃくし》）を内側に貼り付け備忘録として使われたほか、他者を呼び寄せたり、履物を直したりと実にさまざまな使い道があったという。材質に決まりはなく、イチイ、シイ、サクラなどさまざまだが、1990年の大嘗祭《だいじょうさい》で用いられた笏は、位山《くらいやま》（岐阜県高山市）のイチイの木から作られた。

信任状奉呈式のため、皇居に向かう馬車＝2007年４月、東京・丸の内

車《しゃ》馬《ば》課《か》

皇居に厩舎や馬場も

宮内庁管理部の一組織で、皇室行事で使う馬車や、天皇、皇后両陛下や上皇ご夫妻が日ごろ乗る車の運転などを担う。皇居の一角に厩舎《きゅうしゃ》や馬場があり、職員約20人が24時間体制で約30頭の世話に当たる。皇族らが乗馬をする際に、職員がサポートすることもある。新任の外国大使が本国の元首から受け取った信任状を陛下に手渡す「信任状奉呈式」の際には、大使一行を乗せた儀装馬車の列が東京駅と皇居・宮殿の間を往復する。車での送迎も可能だが、ほとんどの大使が馬車を選ぶという。車馬課では、はかま姿で馬に乗り、紅白の吹き流しを馬の足並みに合わせて広げていく「母衣《ほろ》引《ひき》」や、球技ポロと同じルーツとされる「打毬《だきゅう》」といった古式馬術の継承も大事な仕事の一つだ。

叙位

死後に名誉が回復され、正三位を追贈された西郷隆盛（肖像画）

聖徳太子の制度に由来

勲章、褒章以外の栄典として、国家・公共に功労のあった人に対し、国が「位階」を授与すること。現在は故人に限られ、生前最後の日にさかのぼって発令される。位階は厩戸王《うまやどのおう》（聖徳太子）の人事制度ともいわれる「冠位十二階」に由来し、元来、官僚の序列を示した。高位順に一位から八位までそれぞれ正《しょう》従が付き、16階ある。近代で正一位《いちい》は、１８９１（明治24）年の死去直前に授けられた三条実美《さんじょう・さねとみ》ただ一人。明治維新の立役者だったが、西南戦争で朝敵となった西郷隆盛《さいごう・たかもり》は死後に名誉が回復され、正三位《しょうさんみ》を追贈された。現行憲法下で死亡時に従一位《じゅいちい》を授与されたのは、元内大臣の牧野伸顕《まきの・のぶあき》、初代参院議長の松平恒雄《まつだいら・つねお》、いずれも元首相の幣原喜重郎《しではら・きじゅうろう》、吉田茂《よしだ・しげる》、佐藤栄作《さとう・えいさく》の計５人。

上皇《じょうこう》

代替わり後、皇居外への初めての外出で「東京ローンテニスクラブ」を訪問された上皇ご夫妻＝2019年5月5日、東京都港区

202年ぶりの再来

退位した天皇を「上皇」、その后《きさき》を「上皇后《じょうこうごう》」、敬称はいずれも「陛下」とすることが2017年6月に成立した「天皇の退位等に関する皇室典範特例法」で定められた。天皇が存命中に皇位を退いたのは、江戸時代後期の光格天皇以来202年ぶりとなった。上皇さまを含めて125代続くとされる歴代天皇では59例目といわれる。退位した後の天皇は歴史的に「太上天皇《だじょう》」や、その略称とされる「上皇」と呼ばれてきた。上皇の別称は「仙洞《せんとう》」で、天皇の住まいである「御所」に対して、上皇の住まいを「仙洞御所」という。上皇さまは19年にも上皇后さまとともに東京都港区の高輪皇族邸（旧高松宮邸）に引っ越され、その後、赤坂御用地にある赤坂御所（旧東宮御所）に転居し、ここが仙洞御所となる。

皇居で見た天皇の卓球台

羽柴康人

皇居内で、天皇在位中の上皇さまが使う卓球台を見たことがある。場所は皇居の一般参観で事前説明に使われる「窓明館」の隣にある小体育館だった。「専用台」は用具入れの奥に入れられ、大切そうに白いカバーが掛けられていた。「先週も両陛下でプレーされたそうですよ」と職員に聞き、どんな卓球をするのか興味が湧いた。

宮内庁担当時代、運動不足の解消と、取材先の開拓を兼ねて、職員の卓球クラブに飛び入り参加していた。学生時代の部活経験を当時の某部長に話していたところ、誘われたのがきっかけだ。職員数人が毎週、夜に練習会を開いていた。

目標は毎年2月に行われる庁内卓球大会。各課対抗で、リーグ戦を行い、勝ち抜いたチームのトーナメントで、優勝を決める。宮内記者会で特別参加していた。

担当当時の2011～14年は、上皇さまの健康問題に直面することが多かった。03年に前立腺がん手術を受けた後、ホルモン療法を続けていたが、その副作用として、骨粗しょう症の懸念が言われていた。対策としては、日常的な運動が大事ということで、卓球もその一環だったのだろう。

上皇さまと言えば、テニスのイメージが強いが、実は卓球も結構お好きで、学生時代から腕前を磨いていたようだ。皇太子時代の1953年、19歳で英国エリザベス女王の戴冠式に出席するため、欧州歴訪の旅に出るが、英国に向かう船上の卓球大会で優勝したエピソードが、側近が旅を記録した本「戴冠紀行」に出てくる。

それによると、1、2回戦に勝利し、「相手は老人だからちょろいよ」と豪語。側近は「なかなか試合度胸があられるのに感心した」。決勝はチェコ人に勝利し、側近に祝福されると「いや」とあっさり返答したが、うれしい様子だったという。賞品はダンヒルのライターだった。

「仙洞仮御所」となる高輪皇族邸＝東京都港区（共同通信社ヘリから）

その後、多忙な公務の中、卓球を続けてきたのだろう。２０１５年10月には、日本の障害者スポーツとゆかりが深い社会福祉法人「太陽の家」（大分県別府市）の創立50周年記念式典で、パラリンピック出場を目指す卓球選手の練習に飛び入り参加したこともあった。

施設内を見学していた際に、男性選手に「ちょっとやりましょうか」と声を掛け、数分間にわたって真剣な表情でラリーをした。選手は「きれいなフォームで打球も力強かった」と感嘆した様子だったという。

退位で全公務を退いた上皇さま。健康を維持するには適度な運動は欠かせない。引っ越し先となる東京・高輪の「仙洞仮御所」の庭は手狭で日課の散策もできなくなる。健康のためにも是非、仮御所内に卓球台を置いて、プレーを続けていただきたいと思う。

はしば・やすひと　読売新聞大阪本社を経て２００５年、共同通信社に入社。警視庁、宮内庁を担当し、京都支局次長を経て社会部次長。東京都庁キャップとして一時、小池都政の報道にも携わった。皇室担当デスクの一人。

上皇さまの愛車

上皇后さまを助手席に乗せ愛車を運転される上皇さま＝2013年９月、皇居・東御苑（宮内庁提供）

自動車運転、85歳で卒業

天皇在位中の上皇さまは２０１８年12月23日の85歳の誕生日を機に、車の運転をやめられることになった。それまで皇居内をドライブする際に乗っていたのは１９９１年式ホンダの「インテグラ」だった。車体はグレーの落ち着いた色合い。休日には、吹上《ふきあげ》地区にある御所から大手門近くにあるテニスコートまで上皇后さまを助手席に乗せて運転し、コート脇に愛車を止めてテニスを楽しむこともあった。上皇さまは54年に免許を取得し、64年間無事故無違反だった。関係者によると、上皇さまは低速を保ち、丁寧なハンドルさばきだったという。近年は免許更新のたびに高齢者講習を皇居内で受講。視力などの適性検査や、記憶力、判断力を測定する認知機能検査のほか、警視庁の担当者を同乗させて運転講習も受けていた。

正倉院

正倉院正倉＝奈良市雑司町

シルクロードの終着点

本来は奈良・平安時代に税として稲を収納した倉庫群を意味したが、現在まで奈良市に残る東大寺の1棟を指すようになった。柱を用いず、断面が台形や三角形の木材を井桁に積み上げた校倉《あぜくら》造りが特徴。1884（明治17）年以降、宮内省（後の宮内庁）が管理している。1997年、国宝に指定。聖武天皇（701～756年）の遺品のほか、大陸から伝わった楽器、ガラス製品が倉庫にあったことから「シルクロードの終着点」といわれる。これらの宝物は1962年に完成した鉄筋コンクリート造りの西宝庫に移され、庫内は一定の温度、湿度が保たれている。毎年秋に天皇陛下の使者（勅使）として侍従が西宝庫の錠を解く「開封の儀」があり、宝物の点検や調査などを行う。

掌典職《しょうてん》

正殿・松の間で行われた大殿祭《おおとのほがい》で祝詞をあげる掌典＝1968年11月

宮中三殿に毎朝奉仕

天皇の私的行為とされる宮中祭祀《さいし》をつかさどる。掌典長をトップに掌典次長、掌典、内掌典《ないしょうてん》らが配置されている。掌典長、掌典次長、掌典、内掌典はいずれも国家公務員ではなく、宮内庁の公金ではない天皇ご一家の「お手元金」で賄われる。現在の掌典長は掌典次長から昇格した元外務官僚で、天皇在位中の上皇さまの侍従なども務めた楠本祐一《くすもと・ゆういち》氏。内掌典は女性で、宮中三殿北側の詰め所に住み込みで仕えている。江戸時代の大奥で働く女性のようだ。宮中三殿では午前8時になると、内掌典が賢所《かしこどころ》と皇霊殿《こうれいでん》に、掌典（男性）が神殿《しんでん》にそれぞれ米などをささげる祭事を毎日行い、当直の侍従が陛下の代わりに三殿の南階下で参拝する。掌典らは陛下の使者（勅使）として、天皇陵や各地の重要な祭事に赴く役目も担う。

昭和天皇の命日

昭和天皇ご逝去のニュースを聞き、記帳所に詰めかけた人々＝1989年１月７日、皇居・坂下門前

がんと闘った昭和天皇

１月７日は昭和天皇の命日に当たる。１９８７年４月29日、皇居・豊明殿《ほうめいでん》で行われた自身の誕生日（国民の祝日「昭和の日」）の宴会で嘔吐《おうと》し退席。この年の９月に手術し、一時復調したが、88年９月に大量吐血して倒れた。宮内庁は「慢性膵《すい》炎《えん》」と発表し、がんであることは認めなかった。下血などを繰り返し、次第に病状が悪化。89年１月７日午前６時33分、皇居・吹上大宮《ふきあげおおみや》御所２階の病室で当時皇太子だった上皇さまらが見守る中、87歳で亡くなった。遺体は仮安置所となった１階の居間に移され、南枕とした。北枕にすると、宮中三殿に足を向ける格好になるためだ。この後の記者会見で、宮内庁長官は「十二指腸乳頭周囲腫瘍（腺がん）」と正式な病名を公表した。

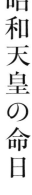

女王

2017年11月、秋の園遊会に臨まれる（左から）秋篠宮家の眞子さま、三笠宮家の彬子さまと瑶子さま、高円宮家の承子さまと守谷絢子さん＝東京・元赤坂の赤坂御苑

日本に「女王」が3人

天皇のひ孫とそれより遠い世代の皇族のうち、男性を「王」、女性を「女王」と呼ぶ。現在の皇室に王はいない。天皇の子どもと孫までは、男性を「親王」、女性を「内親王」という。女王はいずれも大正天皇のひ孫で、昭和天皇の末弟だった故三笠宮《みかさのみや》の孫に当たる彬子《あきこ》さまと妹の瑶子《ようこ》さま、故高円宮《たかまどのみや》の長女承子《つぐこ》さまの計3人。3人の「女王」は、いとこ同士。故高円宮さまの次女典子《のりこ》さんは2014年10月に、三女絢子《あやこ》さんは18年10月にそれぞれ民間人と結婚したため、皇室典範の規定により皇族の身分を離れた。皇室経済法に基づき、女王だった2人には国から一時金、各1億675万円が支給されている。一時金の額は皇族としての「身位（身分や地位）」によって決まる。

叙勲

天皇陛下から旭日大綬章を受けるカタールのハーリド・アティーヤ元外相＝2019年５月23日、宮殿・松の間（代表撮影）

政府が決める格付け

国家や公共に対する功労者に「勲等」を授け、勲章を与えること。天皇の国事行為「栄典の授与」の一つ。令和に入って２０１９年８月時点で１万人ほどが受章している。生存者叙勲は終戦後の１９４６年に停止されたが、63年に復活して翌64年から春と秋の２回行われている。「勲一等」など数字による格付け、男女や官民の格差といった批判を受け、政府は２００２年８月に叙勲制度の見直しを閣議決定、03年秋から新制度を適用した。それまでは勲一等から勲六等まで「旭日章」（女性は宝冠章）と「瑞宝章」に分かれ、旭日章を瑞宝章より上位に置いていたが、数字による等級を廃止。旭日章と瑞宝章を男女の区別なく同格とし、それぞれのランクを簡素化した。宝冠章は女性皇族や外国の国賓などにのみ授与する特別な勲章として存続させた。

女系天皇

女系天皇に反対する「皇室の伝統を守る一万人大会」＝2006年3月、東京・日本武道館

126代、男系続く

皇室典範では皇位継承を「男系の男子」に限っている。男系とは父方に天皇を持つ血筋のこと。126代続くとされる歴代天皇のうち女性は8人いたが、いずれも中継ぎ的な役割にとどまっており、女性皇族が産んだ「女系」の天皇が即位した例はない。秋篠宮さま以降、皇室に男子が生まれない状況は約40年続き、2005年に当時の小泉純一郎首相の私的諮問機関が女性・女系天皇を認め、皇位継承は男女にかかわらず長子優先とする報告書をまとめたが、06年に秋篠宮家の長男悠仁《ひさひと》さまが誕生し、議論は立ち消えとなった。女系天皇を認めれば歴史上の大転換となるため保守派の反発は強いが、現状のままでは女性皇族が結婚で皇室を離れ、若い世代が悠仁さましか残らない可能性もある。

書陵部

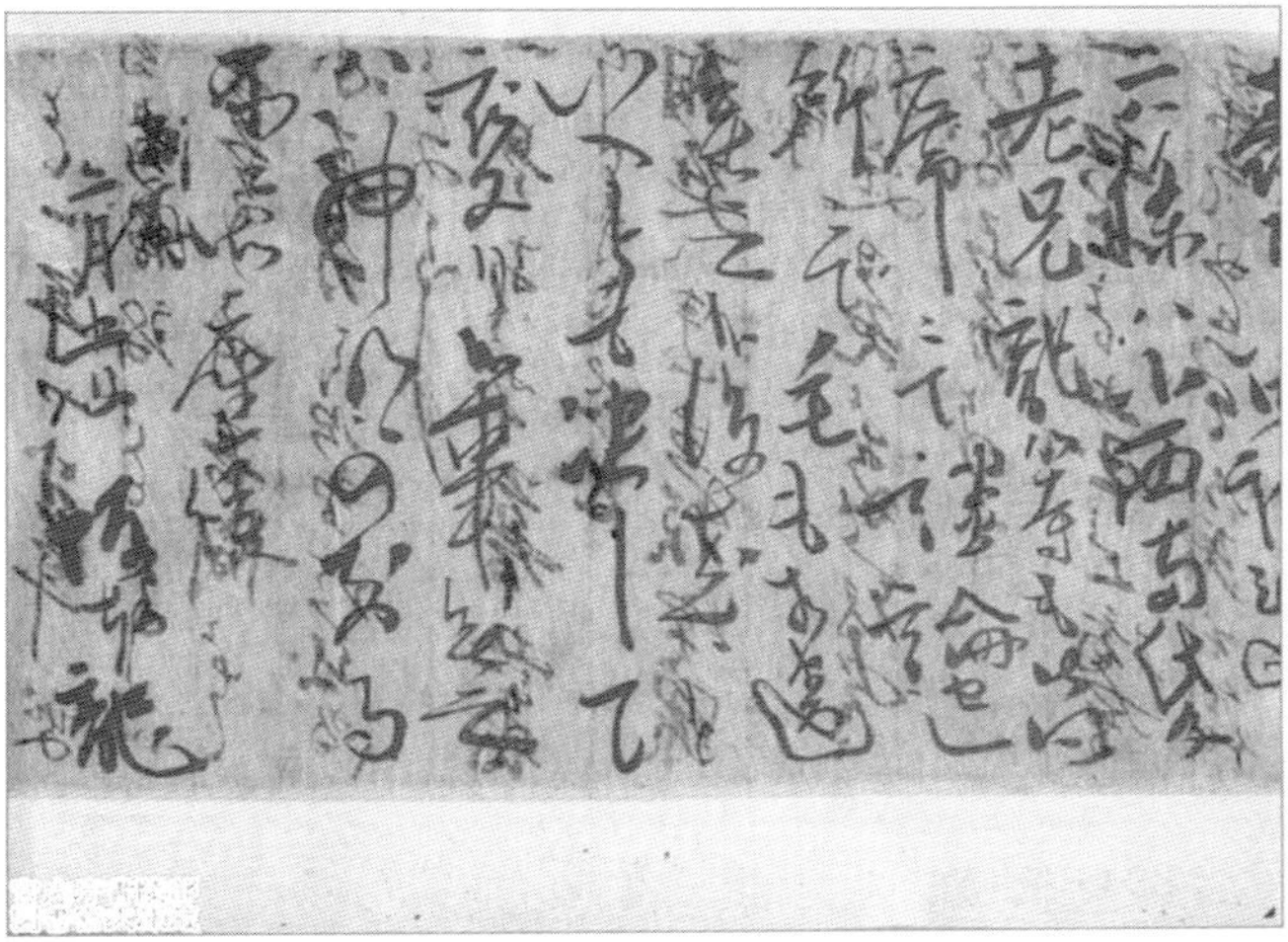

宮内庁がホームページで公開している「龍馬裏書」（宮内庁提供）

薩長同盟巡る書簡も所蔵

　皇室の戸籍といえる皇統譜の登録や保管、陵墓の管理や調査などを担う宮内庁の一組織。宮内庁の前身、宮内省に1884（明治17）年、図書《ずしょ》寮《りょう》が置かれたことに始まり、86（明治19）年設置の諸陵寮《しょりょうりょう》を戦後に統合して書陵部となった。1990年から2014年にかけて、昭和天皇の87年余にわたる激動の生涯を記した「昭和天皇実録」の編さんも行った。所蔵している皇室伝来の古文書など歴史的資料は68万点に上る。その中には、中国の歴史書「三国志」の「魏書《ぎしょ》」で卑弥呼《ひみこ》について記された、いわゆる「魏志倭人伝《ぎしわじんでん》」（12世紀の版本）や、幕末期に坂本龍馬《さかもと・りょうま》が薩長同盟の内容を保証するために裏書きした桂小五郎《かつら・こごろう》（後の木戸孝允《きど・たかよし》）の書簡「龍馬裏書《うらがき》」、明治天皇が打ち出した政府の基本方針「五箇条の御誓文」も含まれている。

宸翰《しんかん》

天皇陛下が「徳仁」と記帳された署名＝2017年４月16日、クアラルンプール（代表撮影・共同）

聖武天皇のサインは国宝

天皇直筆の文書の総称。「宸筆」「御筆」ともいう。宸は天皇関係の冠言葉として用いられ、翰は手紙をはじめ、広く書状、詩歌、日記などを指す。現存する最古の宸翰は、奈良時代の聖武天皇が中国（六朝・隋・唐）の詩文の一部を書き写した「雑集《ざっしゅう》」と、裁可する際のサイン「勅」の1字。雑集は宮内庁正倉院事務所（奈良市）、勅書（聖武天皇施入勅願文《しょうむてんのうせにゅうちょくがんもん》）は平田寺《へいでんじ》（静岡県牧之原市）が所蔵しており、いずれも国宝に指定されている。幕末に孝明天皇の信任が厚かった旧会津藩主の松平容保《まつだいら・かたもり》は、その忠誠をたたえる宸翰を生涯誰にも見せることなく大事にしていたとされる。天皇陛下が国事行為で詔書や勲記などに「徳仁《なるひと》」と署名されたものは、現代における宸翰といえる。

親王《しんのう》と内親王《ないしんのう》

内親王3人のうちの2人、秋篠宮家の長女眞子さまと次女佳子さま＝2018年6月、東京都目黒区

秋篠宮さまは「親王」

天皇の子と孫、天皇の兄弟に当たる男性皇族を「親王」、女性皇族を「内親王」という。現在、親王は秋篠宮さま、秋篠宮ご夫妻の長男悠仁《ひさひと》さま、上皇さまの弟常陸宮《ひたちのみや》さまの3人。内親王は天皇、皇后両陛下の長女愛子さま、秋篠宮ご夫妻の長女眞子《まこ》さま、次女佳子《かこ》さまの3人。陛下が2019年5月1日に即位されたのに伴い、皇位継承順位は秋篠宮さまが1位、悠仁さまが2位、常陸宮さまが3位となった。親王、内親王は平安時代から明治時代の初めまで、その地位を天皇から与えられなければ名乗ることができなかった。現行法では、皇太子と皇太孫（天皇の孫で、皇太子がいないなどの理由で皇位継承順1位にある皇族）を除く親王は、皇室会議の審議を経た上で皇族の身分を離れることができる。

成人

成年の衣装をまとわれた天皇陛下＝1980年2月

天皇は18歳で成人

天皇や皇太子、皇太孫（天皇の孫で、皇太子がいないなどの理由で皇位継承順1位にある皇族）の成人年齢は、皇室典範で18歳と定められている。その他の皇族の成人年齢は現行の民法が定める20歳。2018年6月、成人年齢を18歳に引き下げる改正民法が成立したため、22年4月1日の施行から皇室も一般国民も成人年齢が同じになる。政府は当初、民法改正に合わせて皇室典範の関係条文を削除する方針だったが、与党から「皇室典範が政局に巻き込まれるのはよくない」などと異論が相次ぎ、維持することを決めた。未成年の皇族は現在、天皇、皇后両陛下の長女愛子さまと、秋篠宮家の長男悠仁《ひさひと》さまの2人。年長の愛子さまは19年12月1日に18歳の誕生日を迎えられるが、成人皇族に当たらない。

生物学研究所

昭和天皇が使った机＝皇居・生物学研究所

ハゼの新種に「アキヒト」

生物学者でもあった昭和天皇のため、１９２８年に皇居・吹上《ふきあげ》地区の一角に建てられた研究施設。皇太子時代の昭和天皇が生物学の研究を選んだのは、当時関心があった歴史学では思想的に行き詰まる恐れがあり、生物学が無難とみた側近たちの勧めもあったためといわれる。上皇さまもこの施設を拠点に、公務の合間を縫って「ハゼの分類」を専門に研究され、皇太子時代の63年から２０１８年まで32編の論文を発表している。その研究成果は海外でも高く評価されており、オーストラリアの研究者らが上皇さまの名にちなんで新種に「エクシリアス・アキヒト」という学名を付けるほどだ。宮内庁によると、これまでの上皇さまの研究は公務ではなかったため、19年4月30日の退位の後もこれまで通り続くという。

節会《せちえ》

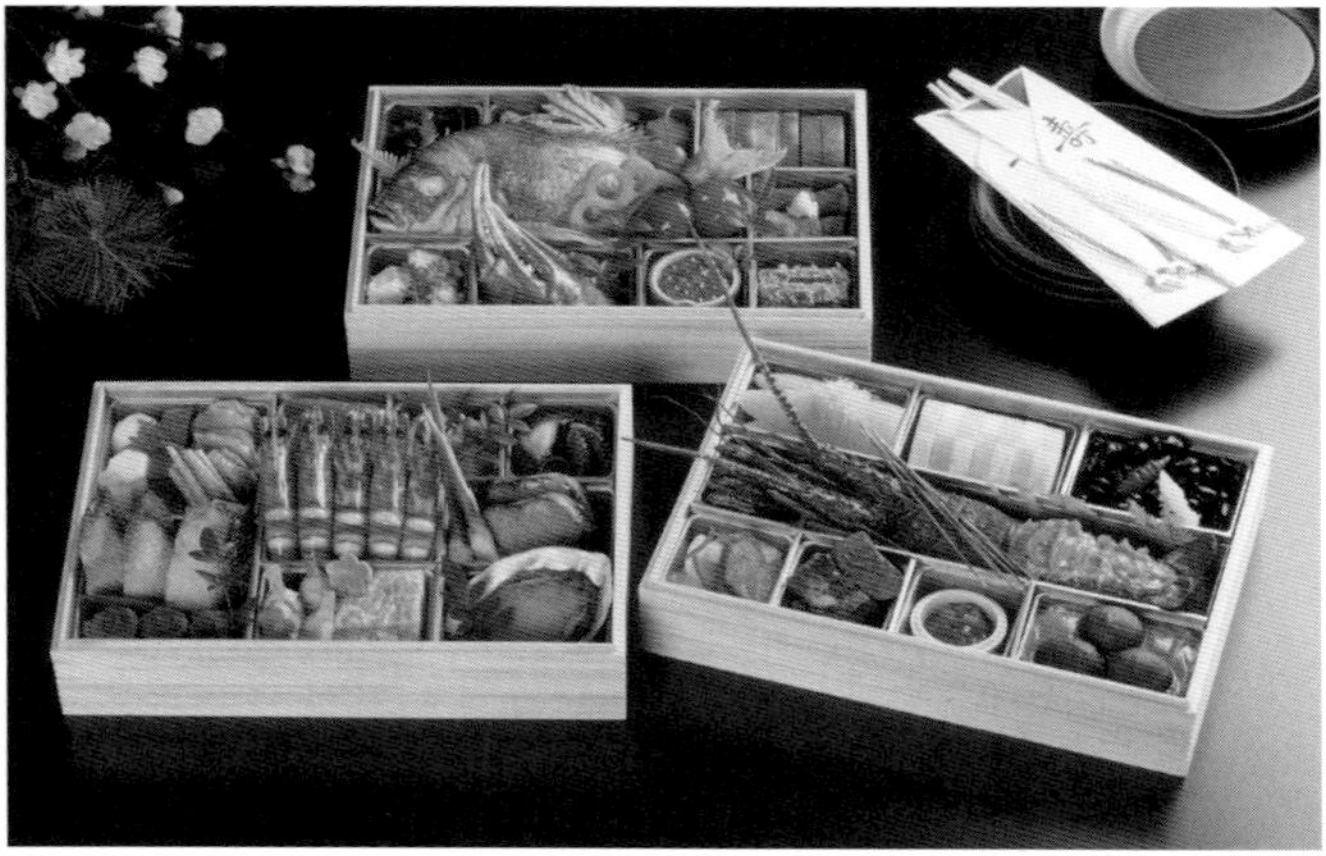

47クラブの「究極のおせち」の三段重

おせち、本来は節句料理

季節の変わり目に当たる日（節句）などを祝い、天皇のもとに側近の貴族らが集まって歌舞演奏や宴会などを楽しんだ朝廷行事のこと。節会で出される料理を「御節《おせち》」と呼んでいたが、今では正月の祝い料理を指すようになった。元日の節会は、明治時代に入ると「新年宴会」として1月5日に行われる儀式となった。天皇の国事行為の一つで元日恒例の「新年祝賀の儀」は、その流れをくむ。節句の中でも人日《じんじつ》（1月7日）、上巳《じょうし》（3月3日）、端午《たんご》（5月5日）、七夕《しちせき》（7月7日）、重陽《ちょうよう》（9月9日）を「五節句」という。こうした節句の祝いを一般庶民も倣うようになり、七草がゆを食べたり、ひな人形を飾ったり、しょうぶ湯に入ったりする習わしは現在、国民の年中行事となっている。

即位

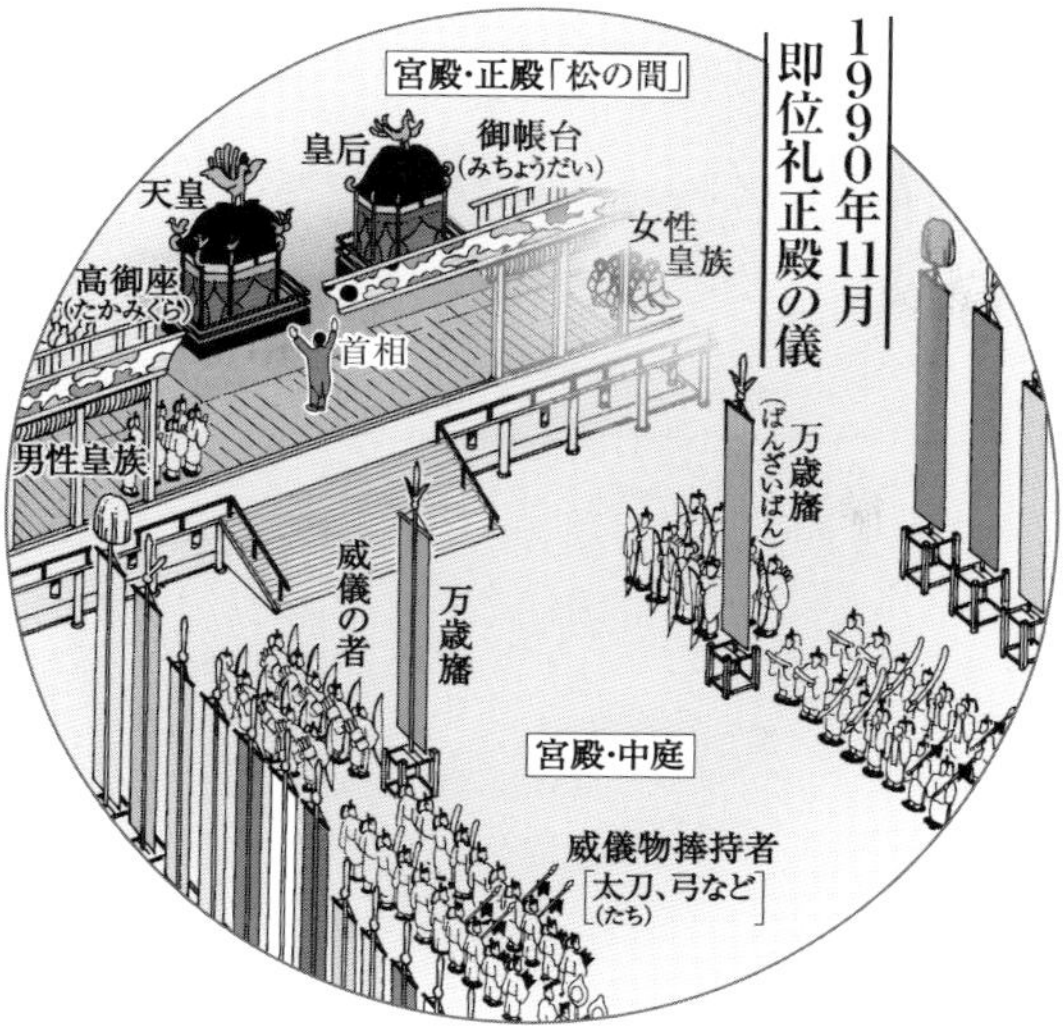

「ボロン」と唱えた時代も

天皇の身分・地位に就くこと。「天皇」という称号や国号「日本」は7世紀ごろに定着したとされる。即位は「践祚《せんそ》」ともいい、天皇の死去によって代替わりする「諒闇《りょうあん》践祚」が続いていたが、645年の乙巳《いっし》の変（大化の改新）翌日、孝徳天皇が存命中の皇極天皇から皇位を引き継ぐ「受禅《じゅぜん》践祚」が初めて行われた。明治以降、天皇は終身在位とされたが、2019年5月の天皇陛下の即位は現代の「受禅践祚」となった。同じ意味だった践祚と即位は儀式で分けられ、第50代桓武天皇以降は恒例となる。即位儀礼に密教が採り入れられると、古代インド源流の「即位灌頂《かんじょう》」が鎌倉〜江戸期まで行われ、高御座に着いた天皇が左手のこぶしから立てた人さし指を右手で握り、「ボロン」と真言（マントラ）を唱えるなどしたという。

大嘗祭《だいじょうさい》

大嘗祭の儀式を行うために皇居・東御苑に造営された大嘗宮＝1990年11月

27億円かける最重要儀式

新たに即位した天皇が初めて執り行う「新嘗《にいなめ》祭《さい》」を指し、一代に一回限りの最も重要な宮中祭《さい》祀《し》。国の統治に利用された稲作の収穫儀礼に根差すもので、飛鳥時代の7世紀に成立したとされる。室町時代の応仁の乱以降、朝廷の窮乏や戦乱のため江戸時代中期まで約２２０年間の中断がある。中核の「大嘗宮《だいじょうきゅう》の儀」では、新天皇が伊勢神宮の方角に向かって座り、その年に収穫された米などを神々に供え、自ら食して五穀豊穣《ほうじょう》や国の安寧を祈る。明治以降の大嘗祭は国を挙げての一大イベントとなり、戦後初の前回（１９９０年）は皇室行事と位置付けられたものの、国費から約22億5千万円が支出され、政教分離に反するとの批判を招いた。今回は２０１９年11月14～15日に行われ、関係費は総額27億円を見込む。

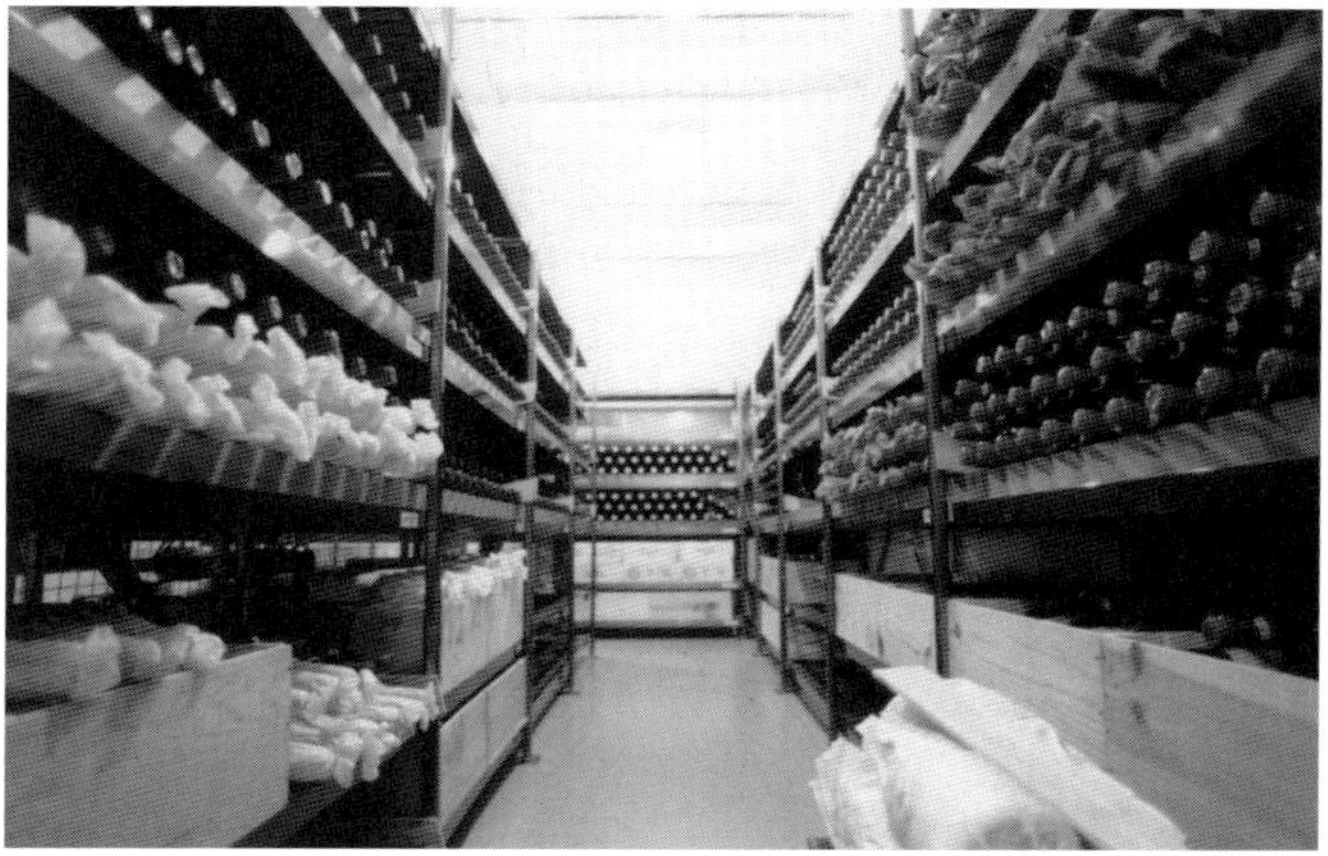

大膳課が管理するワインセラー＝皇居・宮殿地下１階

大《だい》膳《ぜん》課

カレーライスがお好み

天皇家の料理人グループ。宮内庁の一部局である管理部の大膳課に属し、「主厨《しゅちゅう》」と呼ばれる料理人と、配膳や事務を担当する「主膳《しゅぜん》」に分かれる。食材は栃木県内の「御料牧場」から調達され、野菜類はいずれもオーガニック。上皇さまと上皇后さまの朝食はトースト、サラダなど洋食が基本だった。昼食と夕食は和・洋・中が交互に出されたという。上皇さまのお好みはカレーライス。天皇在位中の地方訪問時に食べることが多く、東日本大震災直後の２０１１年４月、見舞いのため自衛隊機で宮城県を訪れた際も「（昼食は）隊員が普段食べている基地のカレーで」と所望した。調理が簡単なこともあって、被災地に負担を掛けまいとする上皇さまの心遣いがあったとされる。

高《たか》御《み》座《くら》

「即位礼正殿の儀」で高御座から、お言葉を述べられる上皇さま＝1990年11月、宮殿・松の間

新天皇の玉座、重さ8トン

新天皇が国内外に即位を宣言する儀式で使われる玉座。少なくとも奈良時代から用いられていたとされる。黒漆塗りの方形の壇の上に、大小の鳳《ほう》凰《おう》や鏡などで飾った八角形の屋形が据え付けられており、全高6・5メートル、重さは約8トンに及ぶ。八角形の屋形は、ヤスミシシスメラミコト（全国を治める天皇）を象徴するとみられている。京都御所で最も格式の高い紫宸殿《ししんでん》にあるが、2019年10月に皇居・宮殿で行われる「即位礼正殿《そくいれいせいでん》の儀」で使うため分解し、18年9月にトラック8台で皇居へ移送された。紫宸殿は「天子の御殿」の意味。前回の即位礼正殿の儀では、天皇だけが着用できる古式装束「黄櫨染袍《こうろぜんのほう》」をまとった上皇さまが壇上から「お言葉」を発し、首相が床から祝辞を述べ、万歳三唱した。

忠恕《ちゅうじょ》

上皇さまの人柄を語る小泉信三＝１９５８年

上皇さまの好きな言葉

上皇さまの座右の銘。儒教の基本経典とされる「四書《ししょ》」の一篇「論語」にある言葉で、「自分の良心に忠実で、人の心を思い量る」という意味。上皇さまは１９８３年の誕生日会見で「好きな言葉に、論語にある『忠恕』があります」などと話され、92年10月の中国訪問前の記者会見でも同様に述べている。忠恕の精神は皇太子時代、東宮御教育常時参与だった元慶応義塾塾長の小泉信三《こいずみ・しんぞう》（１８８８〜１９６６年）から多大な影響を受け、深く学んだとされる。それは後に、象徴天皇として被災地訪問や戦没者慰霊の旅など上皇后さまとの行動の規範になったとみられる。上皇さまと民間人だった上皇后さまとの間を取り持ち、皇室入りを当初固辞した上皇后さまを説得したのは、小泉だったという。

壺《つぼ》切《きり》の剣

立太子宣明の儀を終え、宮中三殿へ向かわれる天皇陛下＝1991年2月23日、宮殿・南車寄

皇太子相伝の太刀

皇太子の印として相伝される太刀づくりの剣。銘は「壺切」。剣は元々、天皇家と姻戚関係を結んだ藤原氏が、その皇太子の地位を安定させるため、神器の一つ「天叢雲剣《あめのむらくものつるぎ》」に倣って作ったとの説がある。後三条天皇の1068（治暦4）年に内裏《だいり》（御所）の火事で焼損し、代わりの剣も承久の乱（1221年）で紛失したと思われたが、1258（正嘉2）年に平安京の郊外にあった勝《しょう》光明院《こうみょういん》の宝蔵から見つかり、現在に至るという。立太子《りったいし》の礼（皇子が将来天皇となる皇太子の地位に就いたことを天皇が宣言する儀式）が行われた1991年2月23日、天皇在位中の上皇さまから天皇陛下に渡された。皇太子だった陛下が皇居・賢所《かしこどころ》での祭祀《さいし》で拝礼される時などに、当時の東宮侍従が持参してお供したという。

天皇の務め

トランプ米大統領（左）との会見に臨まれる天皇陛下＝2019年5月27日、宮殿・竹の間（代表撮影）

天皇はハードワーカー

天皇の仕事は、国事行為、公的行為、その他の行為、の三つに大別され、宮内庁は私的行為を除いて「ご公務」と総称している。憲法で規定されているのは国事行為のみで、天皇の務めは時代によって異なり、定義できないのが現状だ。天皇在位中の上皇さまは仕事量が膨大だったことで知られる。82歳となった2015年の1年間で見ると、国事行為に関連して書類に署名や押印をされたのは1009件。地方での公務や外国元首らとの会見などの公的行為は529件、公的な性格を有する展覧会の鑑賞などは68件だった。父親の昭和天皇が82歳だったころと比べると、国事行為の件数はほとんど変わっていないが、地方などへの訪問は42件から128件に、飲食を伴う懇談が4件から57件になるなど激増している。

天皇杯

平幕で初優勝を果たし、日本相撲協会の八角理事長（右）から令和初の賜杯を受け取る朝乃山＝2019年５月26日、東京・両国国技館

天皇賞、馬産奨励が由来

天皇陛下が競技奨励のため、宮内庁を通じて優勝者や優勝チームに授与される賜杯（トロフィー）、またはその大会。皇后さまが授与される場合は「皇后杯」という。天皇杯の歴史は競馬が最も古く、明治天皇が馬産奨励のため、御賞典と呼ばれる銀製の鉢を各地の競馬に下賜した。下賜レース団体が１９３６年、日本競馬会（後の日本中央競馬会）に統一されると、翌37年秋に天皇賞が初めて開催された。25（大正14）年には、皇太子だった昭和天皇が大相撲を観戦した際の下賜金を基に、現在の天皇賜杯ができた。戦後は天皇杯が東京六大学野球連盟をはじめ、スポーツの競技団体や日本農林漁業振興会に下賜されるようになった。

東《とう》宮《ぐう》

新元号決定を前にした皇居（上）と東京・元赤坂の東宮御所（下中央）＝2019年3月31日（共同通信社ヘリから）

なぜ「東宮」と呼んだ？

皇太子の別称。同じ読みで「春宮」とも書く。昭和天皇は側近との会話で、皇太子だった上皇さまを「東宮ちゃん」と呼んでいた。天皇陛下が、皇后さま、長女愛子さまとお住まいの東京・元赤坂の赤坂御所は、即位されるまで「東宮御所」と呼ばれていた。古代中国の世界観の一つ、陰陽《いんよう》五行《ごぎょう》思想によると、方角の東も季節の春も青々とした若い生命力に満ちているとされ、平安時代前期は皇太子の住まいが、京都にあった内裏《だいり》（御所）の東側にあった。ご一家を公私ともに支えていた宮内庁の側近部局「東宮《とうぐう》職」は「侍従職」に衣替えし、侍従長は東宮職のトップだった元東宮大夫《だいぶ》、小田野展丈《おだの・のぶたけ》氏が就任。侍従次長にも元東宮侍従長の加地正人《かぢ・まさと》氏が充てられるなど、陛下の信頼が厚い側近らが要職を占めた。

宮内庁担当記者コラム

誕生日とダービー

角本信介

３歳馬サラブレッドの頂点を決する競馬の祭典、日本ダービー（東京優駿）。東京・府中の東京競馬場の芝２４００メートルを駆け抜けるこのレースを天皇陛下は皇太子時代に2度、観戦されている。

司法記者クラブで４年近く裁判漬けの生活を送り、宮内記者会に移った初日の取材が２０１４年６月１日の第81回日本ダービーだった。皇室と競馬…。どこか違和感がある取り合わせだが、調べてみると、その関係は明治日本の近代化政策までさかのぼる。

明治新政府は欧米列強に追い付くため、さまざまな改革に着手し、近代国家体制を整備していく。最重要課題は、江戸幕府が結んだ欧米との不平等条約改正だった。

その足掛かりとして着目したのが、駐留外国人の社交サロンになっていた横浜の根岸競馬場だ。伊藤博文や西郷従道ら政府要人が外交的思惑を持って頻繁に出入りしたとされる。

国家的悲願の達成に向け、明治天皇も関与する。１８８０年に初めて優勝賞品を下賜し、１９０５年には、後の天皇賞につながる「エンペラーズカップ」が創設された。天皇の名を利用した欧化政策の一環だが、明治天皇自身も大の競馬好きだったようで、全国各地の競馬場を50回以上訪れ、観戦を楽しんだ。

話をダービーに戻そう。広大な東京競馬場全体を一望できる8階の貴賓室。8万3千人収容のスタンドがファンで埋まる中、陛下はバルコニーから、双眼鏡を手にレースに見入った。

レースは5、6番手を進んだ3番人気のワンアンドオンリーが最後の直線で力強い末脚を発揮。残り200《メートル》で1番人気のイスラボニータをとらえ、G1初勝利を挙げ、賞金2億円を獲得した。

第81回日本ダービーを制したワンアンドオンリー（2）。奥は2着のイスラボニータ＝2014年6月1日、東京競馬場

偶然の一致と言うのだろうか。ワンアンドオンリーと、手綱を握った横山典弘騎手は2月23日生まれで、陛下と同じ誕生日。馬主も同じというおまけまで付いた。「世の中にはそういうこともあるんですね」。レース後、陛下はうれしそうに話していたという。

「唯一無二」の意味が込められたワンアンドオンリーは17年に引退し、北海道新ひだか町にある牧場で種馬として暮らしている。

陛下とダービーとの縁はこれにとどまらない。国内での初観戦だった2007年5月27日の第74回は、ウオッカが牝馬としては64年ぶりにダービー制覇を成し遂げた。

ウオッカは10年に引退するまでに史上最多タイの中央競馬G1・7勝を挙げ、日本競馬史にその名を刻んだ。東京競馬場正門そばに設置されたブロンズ像が往年の勇姿を伝える。

かくもと・しんすけ　2000年、共同通信社に入社。松山、奈良支局橿原通信部を経て社会部。14～16年に宮内庁を担当した。福岡支社編集部次長を務めた後、社会部次長。

ナルちゃん憲法

天皇陛下と話をされる上皇后さま＝1963年（宮内庁提供）

愛称は「ナルちゃん」

上皇さまとともに海外などを訪問される上皇后さまが1960年、長い留守を預かる若い看護師らに対し、幼少期の天皇陛下に関する注意事項を書き残したメモのこと。ナルちゃんは、名が「徳《なる》仁《ひと》」の陛下の愛称。元東宮侍医長が62年出版の「浩宮《ひろのみや》さま」で上皇后さまのメモを取り上げ、「ナルちゃん憲法」として広く知られるようになった。メモには「『ちゃんとお聞きにならなきゃいけません』と叱ってやってくださいね」「一日に一回くらいはしっかり抱いてあげてください」などと列挙されていたという。上皇后さまは2006年に文書で「（メモは）『帝王学』などという言葉と並べられるようなものでは決してありません。（中略）本来は家庭の中にとどまっているべきものでした」と述べている。

二重橋

皇居・正門石橋（手前）を渡り、歓迎行事に向かうトランプ米大統領の車列。奥にある橋が正門鉄橋（二重橋）＝2019年５月27日

どれを指す「二重橋」

東京・丸の内側の皇居前広場から皇居正門を経て、宮殿へ至るルートには二つの橋が架かっている。広場から見て手前にある橋が「正門石橋」、奥にある橋が「正門鉄橋」で、正門鉄橋の方を「二重橋」と呼ぶ。二つの橋が二重に見えたり、手前の橋が円弧のアーチを二つ並べた構造で、堀の水面に映って二重に見えたりするため、誤った解釈が広まった。初代の二重橋は江戸時代に造られ、橋の位置が高かったため下に土台の丸太を組み、その上に橋を重ねて架けたのが、名前の由来。１８８８（明治21）年に鉄橋となり、１９６４年に現在の姿となった。その手前にも江戸時代に木橋が架かっており、１８８７（明治20）年に石橋に改められた。これら二つの橋は一般参賀や外国の要人訪問などの公式行事以外は使用されない。

女房

道南いさりび鉄道が運行する「おでん列車」を楽しむ乗客＝2019年３月９日、北海道北斗市

「おかず」も宮中生まれ

９世紀以降、宮中に仕える女官は、階級や身分によって上臈《じょうろう》・中臈《ちゅうろう》・下臈《げろう》と分けられ、この3者を「女房」と総称した。現代では、もっぱら妻を指す。室町時代に女官同士で使う独自の言葉が発達し、こうした言葉を「女房詞《にょうぼうことば》」または「御所《ごしょ》詞《ことば》」という。「おかず」「おでん（田楽）」「おなか（腹）」などのように接頭辞「お」が付いたり、「青もの（青色の野菜）」「しゃもじ（杓子《しゃくし》）」などのように語尾に「もの」「もじ」が付いたりするパターンがあり、現代でも日常的に使う言葉の中に残っている。「おいしい」も「美《い》しい（味が良いなどの意味）」に「お」が付いた女房詞であるため、「おいしいおでん」は二つの女房詞が合わさった表現といえる。

女官《にょかん》

上皇ご夫妻の後方で天皇陛下を抱く女官＝1960年9月、東京・元赤坂の東宮御所

天皇家の女性皇族側近

皇后さまや長女の愛子さま、上皇后さまの秘書的な役割を担う側近の女性。「オク」と呼ばれる宮内庁の側近部局「侍従職」「上皇職」に属する特別職の国家公務員だ。天皇ご一家を支える侍従職の女官トップが女官長。上皇ご夫妻を支える上皇職の女官トップが上皇女官長。女官は律令制度に規定された古来の官職で、大正時代までは独身で御所に住み込むことになっていた。昭和天皇は即位後まもなく女官制度改革を断行。側室にしたりする旧弊を廃止して既婚女性も採用、自宅や官舎からの通勤を可能にした。香淳《こうじゅん》皇后（昭和天皇の皇后）の信頼が厚かった女官（故人）は、昭和天皇の侍従らと対立し1971年に依願退職するが、侍従長だった入江相政《いりえ・すけまさ》氏（故人）は日記で「魔女」と呼んでいた。

女嬬《にょじゅ》

宮中に出仕した1930年当時の女嬬（茨城県の守谷町町村制施行100周年記念誌「守谷わがふるさと」より）

古式ゆかしい女官補佐

女官《にょかん》の下で、皇后さまや上皇后さまのそばに控え、服飾など身の回りの世話をする宮内庁の女性職員。「内舎人《うどねり》」と同じように古代から続く職名で、畿内の豪族から朝廷に差し出された13～30歳の女性が、女嬬として皇后や皇后以外の妃《きさき》が住む宮中の奥御殿で点灯や掃除などを担った。奈良時代には側近的性格が強くなり、女嬬を経て貴族となるコースが多かったという。この時代、孝謙上皇（後の称徳天皇）の信任を得て権勢を誇った僧侶の道鏡《どうきょう》に排斥され、和気清麻呂《わけのきよまろ》とともに流罪となった姉の和気広虫《わけのひろむし》は女嬬の出身といわれる。平安時代に入ると、女嬬のほかに、宮中や貴族の家で雑用をこなす「雑仕《ぞうし》」が置かれた。現在は「ざっし」と読み、その役を内閣府の事務官が担っている。

人間宣言

人間宣言をした昭和天皇の広島市訪問。帽子を振って応えるその先に原爆ドームが見える＝1947年12月７日

天皇も一人の人間

終戦後に米国が日本の占領政策を進めていく中、昭和天皇が１９４６年1月1日に発した「新日本建設に関する詔書」の通称。昭和天皇が自身の神格を否定するくだりがあるため、そう呼ばれる。当時、占領の最高責任者だったマッカーサーが天皇制の存続を決意し、「人間宣言」はあくまで天皇の自発的意思で行われた形をとってはいるが、作成は連合国軍総司令部（ＧＨＱ）主導で進められたという。昭和天皇は受け入れつつも、宣言の冒頭に「五箇条の御誓文」を盛り込むことにこだわり、実現に至った。その理由を77年8月の記者会見で「民主主義を採用されたのは明治天皇であって、日本の民主主義は決して輸入のものではないということを示す必要があった」などと述べている。

納采の儀

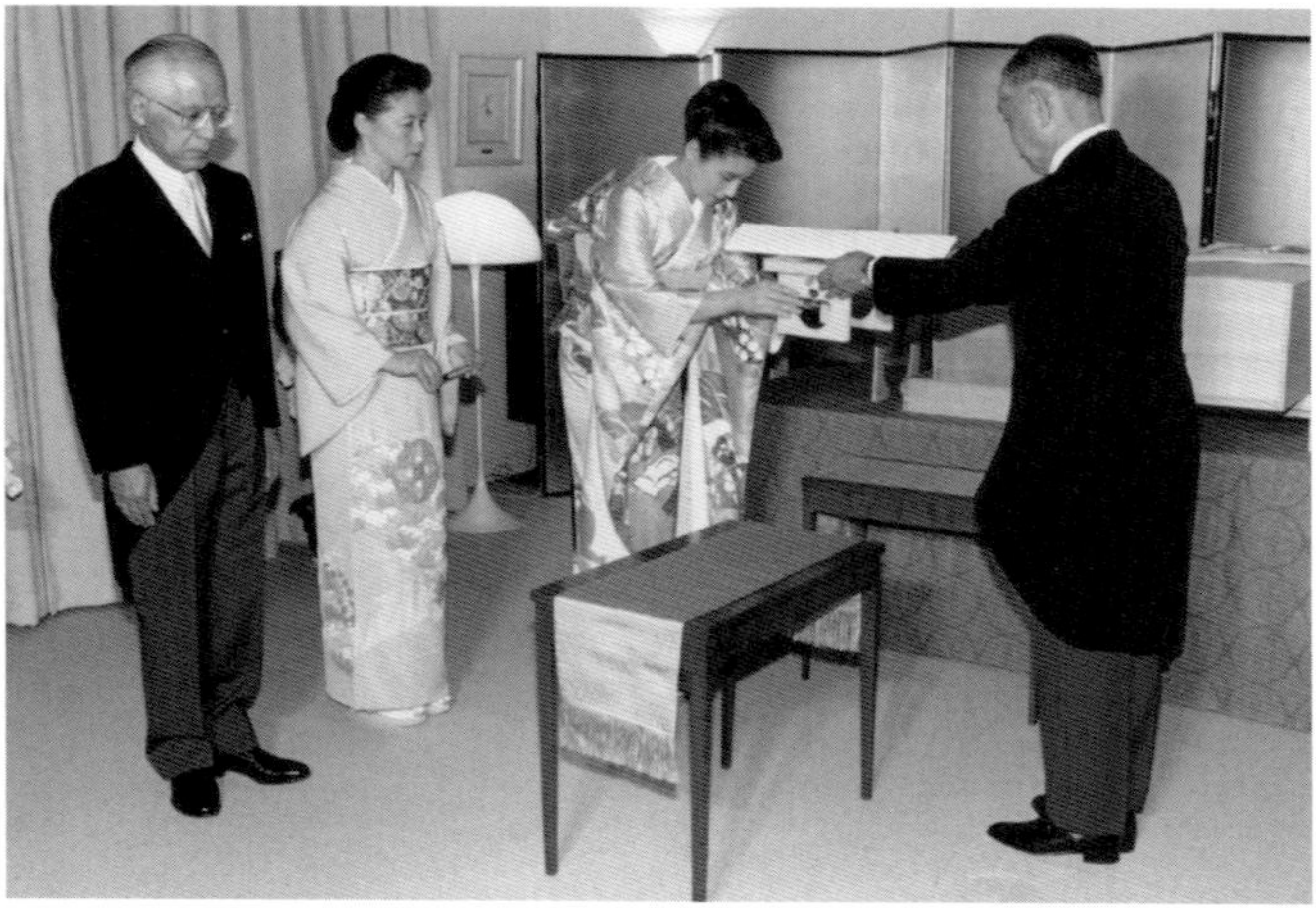

納采の儀で、東宮大夫から結納品の目録を受ける皇后さま＝1993年４月、東京都目黒区

結婚式までどう進む

一般の「結納」に当たり、皇室における正式な婚約。宮内庁は2018年2月、秋篠宮さまの長女眞子《まこ》さまの結婚関連の儀式を20年に延期すると発表し話題になった。1990年1月の秋篠宮さまと紀子《きこ》さまの納采の儀では、当時天皇だった上皇さまの使者として侍従次長が、紀子さまの実家にタイ、絹地、清酒などの納采の品を届けた。約1カ月後には「お妃《きさき》教育」がスタート。紀子さまの実家に結婚式の期日を伝達する「告期《こっき》の儀」を経て、首相や衆参正副議長らによる「皇室経済会議」で秋篠宮さまの独立生計を認定。一般の結婚式に当たる「結婚の儀」は同6月に行われた。当日は現在の上皇さまと上皇后さまに秋篠宮ご夫妻が感謝の意を伝える「朝見《ちょうけん》の儀」などの儀式や行事が続いた。

「はじめてのやまのぼり」

天皇陛下（右から2人目）の妹、黒田清子さんの初登山から4年後の家族登山＝1979年8月、長野県軽井沢町

上皇后さまの文が絵本に

上皇后さまが初めて書いた絵本。1975年8月、ご一家で長野県の三方ケ峰に登られた時の思い出を基にしたフィクション。この時の登山は当時6歳の長女黒田清子《くろだ・さやこ》さん（当時は紀宮《のりのみや》さま）にとって初めての経験で、清子さんの驚きや登山を終えた喜びがつづられている。画家の武田和子《たけだ・わこ》さんが絵を描き、91年に出版。その後、英語やアラビア語など数カ国語に翻訳された。上皇后さまは、「ぞうさん」などで知られる詩人まど・みちおさんの作品の翻訳、編集などにも携わり、児童図書の普及や世界の児童文学者とも交流を重ねている。2002年には国際児童図書評議会（IBBY）の大会に出席するため単独でスイスを訪れ、「子どもは大切な宝」などと英語でスピーチした。

阪神大震災と天皇

被災地同士で交流した仙台市立南小泉中の生徒（右側の６人）と神戸市立須磨北中の生徒。奥は阪神大震災の復興のシンボル「はるかのひまわり」＝2014年７月31日、神戸市須磨区

「はるかのひまわり」

１９９５年１月17日午前５時46分に起きた阪神大震災は、神戸市などで観測史上初の震度７を記録し、死者６４３４人、重傷者約１万人、被害家屋は約64万棟に上った。発生から２週間後、天皇在位中の上皇さまは、上皇后さまとともに兵庫県を訪れて被災者を見舞い、毎年、発生時刻に合わせて住まいの皇居・御所で黙とうをささげている。２００５年と15年には神戸市で開かれた追悼式典に出席。05年の追悼式典では遺族代表の小学生からヒマワリ「はるかのひまわり」の種を贈られ、御所の庭にまいて育てた。採れた種はさらに皇居・東御苑にまかれ、盛夏に大輪の花を咲かせる。はるかのひまわりは、大震災で犠牲になった女の子の名前にちなんでいる。

東日本大震災と天皇

2011年４月、東日本大震災で被災した町並みに黙礼される上皇ご夫妻＝宮城県南三陸町

異例のビデオメッセージ

天皇在位中の上皇さまは２０１１年３月11日の東日本大震災発生時、上皇后さまと皇居・宮殿におられた。近くにあったテレビをつけ、甚大な被害状況を知った。５日後の16日、上皇さまは異例のビデオメッセージを公表。「これからも皆が相携え、いたわり合って、この不幸な時期を乗り越えることを衷心より願っています」と被災者を励ました。上皇ご夫妻は那須御用邸の職員用風呂を避難者に開放し、鶏卵、豚肉の缶詰など御料牧場の生産物を避難所へ届けるよう手配。３月末から５月にかけ、７週連続で東北３県の被災地や関東の避難所を訪れた。被災地に警備などで負担をかけないため日帰りの強行日程だった。18年６月に、全国植樹祭で福島県を訪れたのが在位中最後の東北被災地訪問になった。

被災地訪問

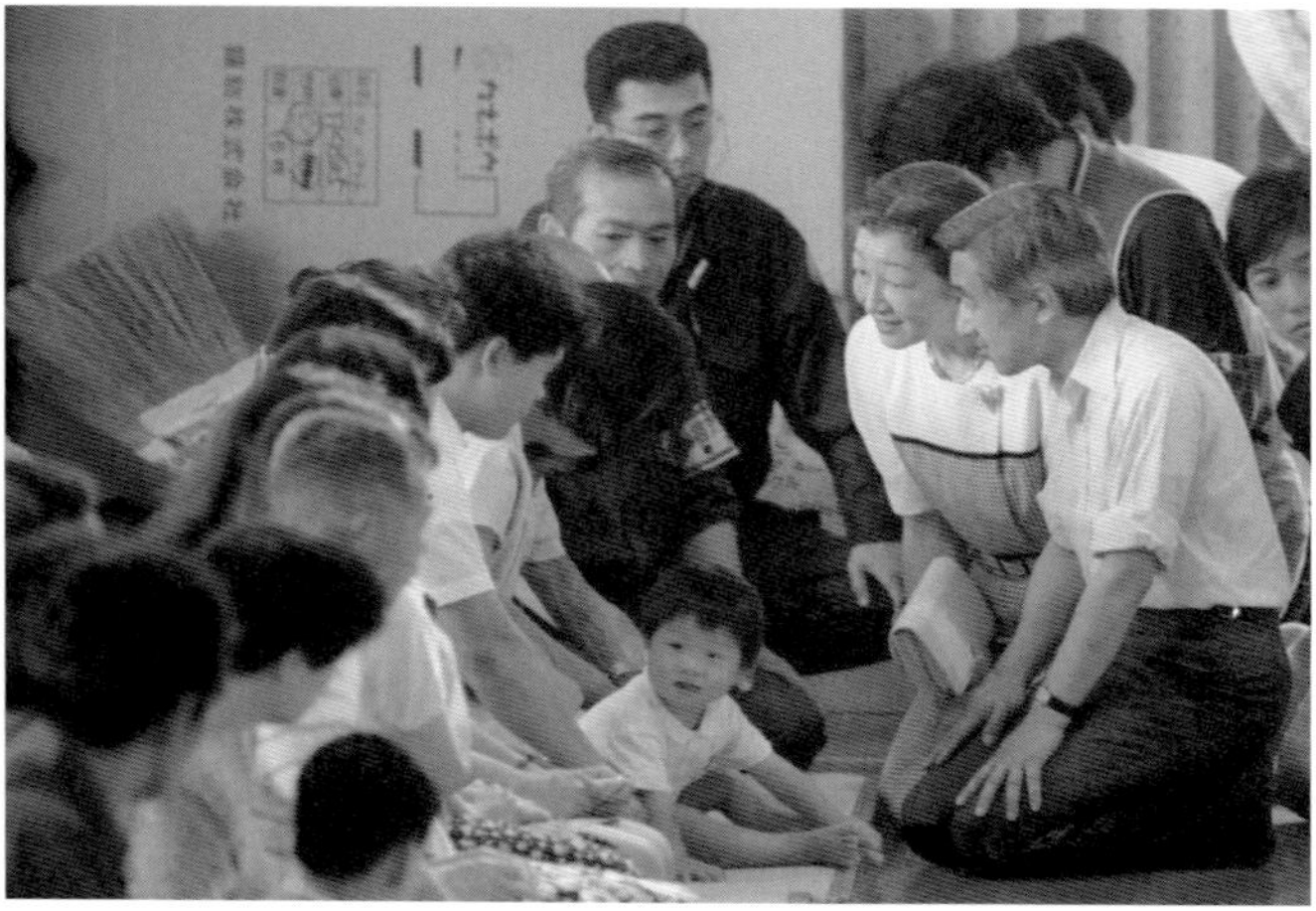

1991年７月、雲仙・普賢岳の噴火被災地を訪問し、遺族、避難住民を励まされる上皇ご夫妻＝長崎県島原市

平成流のお見舞い訪問

天皇在位中の上皇さまは、大規模な災害があるたびに上皇后さまとともに現地に足を運び、被災者を励まされた。即位後初めての訪問は１９９１年7月、雲仙・普賢岳の噴火で被害に遭った長崎県。当時天皇だった上皇さまが避難所で床に膝をついて被災者と懇談する姿に保守派から批判もあった。95年1月17日に阪神大震災が起きると、2週間後に被災地入りした。２０１１年の東日本大震災の発生から5日後には、国民向けに初のビデオメッセージを発表。同3月末から5月にかけ、7週連続で東北3県の被災地や関東の避難所を訪れた。18年7月の西日本豪雨で犠牲者が集中した広島、岡山、愛媛の3県を9月に2週連続訪問。同6日に震度7の地震が襲った北海道厚真町には、11月に日帰りで見舞った。

日の丸

日の丸を手にされる幼少期の上皇さま（宮内庁提供）

上皇さまの心中は…

「日章旗」ともいう。1999年公布の国旗国歌法で国旗と定められた。雲峰寺《うんぽうじ》（山梨県甲州市）所蔵の白地に赤丸をあしらった旗が現存最古の「日の丸」とされ、平安時代中期の後冷泉《ごれいぜい》天皇が源《みなもとの》頼義《よりよし》に下賜し、その流れをくむ甲斐武田家の家宝と伝わる。江戸末期に幕府は日の丸を船舶用の国籍標識として導入、明治政府が1870（明治3）年の太政官布告で「御国旗」とした。

国旗国歌法には強制力はなく、日の丸掲揚、君が代斉唱を巡る国民の意識は一様ではない。天皇在位中の上皇さまは、2004年10月の園遊会で東京都教育委員会委員だった棋士の米長《よねなが》邦雄《くにお》さんから「日本中の学校に国旗を掲げ、国歌を斉唱させることが私の仕事でございます」と話しかけられ、「強制になるということでないことが望ましいですね」と述べている。

不敬

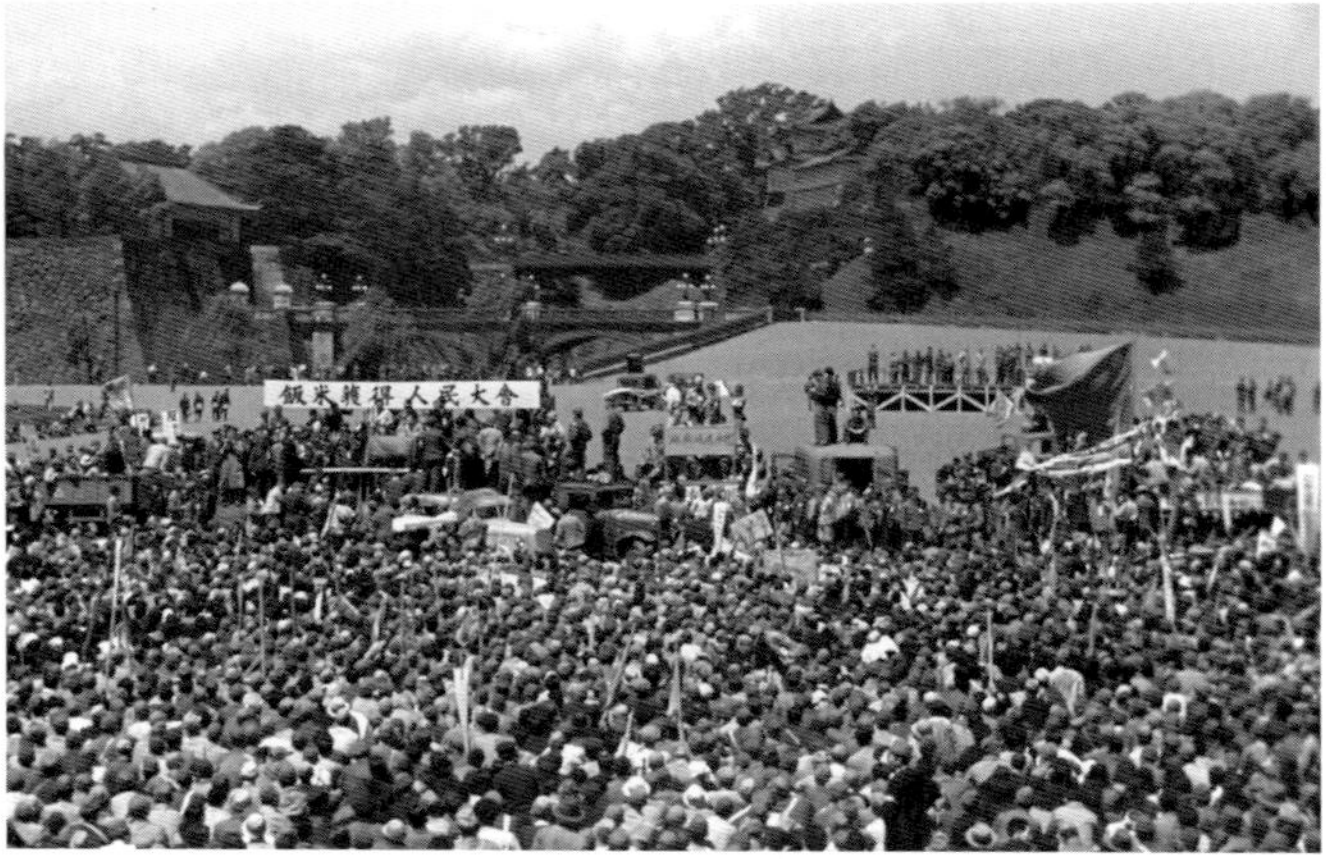

「不敬事件」が起きた食糧メーデー＝1946年５月、東京・皇居前広場

首相が代わりに告訴も

戦前の旧刑法では、天皇や皇族、神宮、陵墓に敬意を払わず、一般の名誉毀損《きそん》や侮辱に当たる行為は「不敬罪」として処罰の対象になった。連合国軍総司令部（ＧＨＱ）の命令で、これらの条項は１９４７年に削除されており、46年の食糧メーデーの参加者がプラカードで昭和天皇を侮辱したとして不敬罪に問われたのが最後となった。現在、天皇、皇后両陛下、太皇太后《たいこうたいごう》（先々代の天皇の皇后）、皇太后《こうたいごう》（先代の天皇の皇后）、または皇嗣《こうし》（皇位継承順１位）に対する名誉毀損と侮辱の罪は、起訴に被害者の告訴を必要とする親告罪に当たるため、首相が代わりに告訴すると現行刑法の２３２条で定めている。ただ、こうしたケースは平成以降一度もない。

ブルーギル

2007年11月、「第27回全国豊かな海づくり大会」でアユなどの稚魚を琵琶湖に放流される上皇ご夫妻＝大津市

上皇さま、ご心痛

ハゼの分類を研究する生物学者でもある上皇さまが皇太子時代の1960年、米国から持ち帰った15匹を水産庁の研究所に寄贈されたのが、日本で繁殖するきっかけとなった。ブルーギルは北米原産で雑食性の淡水魚。生態系や人体・生命、農林水産業に被害を及ぼすか、及ぼす恐れがある「特定外来生物」に指定されている。滋賀県・琵琶湖には60年代後半に侵入し、90年代に爆発的に増加。天皇在位中の上皇さまは2007年11月、大津市で開催の「全国豊かな海づくり大会」に出席した際「食用魚として期待が大きく養殖が開始されましたが、今このような結果になったことに心を痛めています」と述べた。琵琶湖では現在、ブルーギルをはじめとする外来魚が減少しているという。

陛下と「水」

オマーンの古都・ニズワで、伝統的な水利施設を訪れた天皇、皇后両陛下＝1994年11月（共同）

弱者に寄り添う研究

天皇陛下は「水に関わる問題」をライフワークにされている。大学や留学先で「水運」を学んだが、1987年、27歳の時にネパールで水くみに膨大な時間を費やす人々を見て衝撃を受けた。2003年に日本で開かれた「世界水フォーラム」で名誉総裁を務め、水の問題が多岐にわたることに驚かされたという。衛生的な水に恵まれているのは世界でごく少数。水質汚染や貧困、水害だけではなく、水くみが女性や子どもから教育などの時間を奪うという問題もある。陛下は関心の分野を広め、3年に1度の国際会議で講演を続けた。研究をともにする専門家は「劣悪な水環境の中にいる人々は『弱者の中の弱者』。陛下は水を通じて弱い者に寄り添う視点を常に持っている」としている。

武《む》蔵《さし》陵《りょう》墓地

昭和天皇の「武蔵野陵」＝2013年11月、東京都八王子市

広さは仁徳天皇陵に匹敵

東京都八王子市にある皇室の墓地。宮内庁書陵部の多摩陵墓監区事務所が管理している。大正天皇の「多摩陵《たまのみささぎ》」をはじめ、貞明《ていめい》皇后（大正天皇の皇后）の「多摩東陵《たまのひがしのみささぎ》」、昭和天皇の「武蔵野陵《むさしののみささぎ》」、香淳《こうじゅん》皇后（昭和天皇の皇后）の「武蔵野東陵《むさしののひがしのみささぎ》」があり、形状はいずれも上円下方墳。墓地の面積は約46万平方メートルで、国連教育科学文化機関（ユネスコ）の世界文化遺産に登録された仁徳天皇陵（大山《だいせん》古墳）＝堺市＝とほぼ同じ広さだ。大正天皇は1926年12月25日に亡くなり、翌27年2月8日、歴代天皇として初めて関東の地に葬られた。「大正天皇実録」によると、現在地（当時は東京府横山村など）が選ばれた理由として、地震に強い地盤で、万葉集に詠まれた「多摩の横山」ゆかりの地であることなどが考慮されたという。

明治神宮

初詣の参拝客で混雑する明治神宮＝1999年1月1日、東京都渋谷区

初詣に300万人

明治天皇、皇后だった昭憲皇太后《しょうけんこうたいごう》を祭神として1920（大正9）年、東京・代々木に創建された神社。45年に空襲で焼失したが、宗教法人となって58年に再建された。例年、初詣に300万人ほどの参拝客が訪れる。11月3日の例祭には、天皇陛下の使者である勅使《ちょくし》が出向く。明治神宮は、本殿や神楽殿などがある内苑（約70ヘクタール）と、神宮球場や明治天皇の葬場殿跡地に立つ聖徳《せいとく》記念絵画館などがある外苑（約27ヘクタール）で構成。内苑は江戸時代、熊本藩加藤家、その後、彦根藩井伊家の下屋敷が置かれ、明治期から現行憲法の施行（47年）まで御料地（皇室の所有地）だった。神楽殿では2018年10月、高円宮《たかまどのみや》家の三女絢子《あやこ》さんが日本郵船社員の守谷慧《もりや・けい》さんと結婚式を挙げた。

命名の儀

悠仁さまの名前が記入された皇統譜＝２００６年９月21日、宮内庁

平安以降、男子に「仁」

生まれてから7日目の皇族に名前を授ける伝統儀式で、一般の「お七夜」「名付け祝い」に当たる。皇室の公式文書に使用される厚手の和紙「大《おお》高檀紙《たかだんし》」に毛筆で名前がしたためられ、赤ちゃんの枕元に置かれる。名前は漢字2文字で、止め字を男子は「仁」、女子は「子」とするのが平安時代からの習わし。「仁」は皇室が重んじる慈しみや思いやりの心を表し、「子」は敬意を含む。天皇の直系に当たる子どもや孫の場合は天皇自らが命名し、宮家の場合は天皇ではなく親が名付ける。戦前生まれの上皇さまの場合は、時代背景もあり、明治政府の祭政一致政策を示した「大教宣布《たいきょうせんぷ》」から漢字を選び、昭和天皇が「明仁《あきひと》」と名付けた。天皇陛下の「徳仁《なるひと》」は中国の古典「中庸《ちゅうよう》」の文章に由来している。

殯《もがり》

宮殿・松の間に設けられた「殯宮《もがりのみや》」＝1989年１月

古代の通夜、５年の例も

古代の葬儀で、貴人の遺体を墳墓が完成するまで仮安置し、さまざまな鎮魂の儀礼を行うことや、その期間を指す。天皇や皇族が死去すると、ひつぎを仮安置する殿舎を宮殿近くに建てた。この殿舎を「殯宮《もがりのみや》」という。敏達《びだつ》天皇の場合、殯の期間は５年８カ月にも及んだとされる。７世紀半ばの「大化の薄葬令」によって古墳の造成が抑制されると、殯も簡略化したといわれる。天皇在位中の上皇さまは、退位に強い思いを示された２０１６年８月のビデオメッセージで殯に言及。「天皇の終焉《しゅうえん》に当たっては、重い殯の行事が連日ほぼ２カ月にわたって続き、その後喪儀《そうぎ》に関連する行事が１年間続きます」と述べ、「行事に関わる人々、とりわけ残される家族は、非常に厳しい状況下に置かれざるを得ません」と心情を吐露した。

靖国神社

昭和天皇による最後の靖国神社参拝＝1975年11月21日

A級戦犯14人を合祀

戊辰《ぼしん》戦争の官軍側戦死者を弔うため明治政府が1869（明治2）年、東京・九段に建てた「東京招魂社」を前身とし、79（明治12）年に改称した。旧幕府軍側や、明治維新の立役者でありながら西南戦争で「朝敵」とされた西郷隆盛らは祭っていない。終戦までは軍直轄の神社で、国家神道の精神的支柱。太平洋戦争などで戦死した日本軍の軍人ら約250万人を慰霊している。戦後に宗教法人化されたが、天皇の参拝は1975年以来途絶えているため、平成以降は一度もない。78年には東条英機元首相らA級戦犯14人を「昭和殉難者」として合祀《ごうし》した。この合祀に昭和天皇が不快感を示したことが、当時の宮内庁長官、故富田朝彦《とみた・ともひこ》氏が記したメモなどで明らかになっている。

八《や》瀬《せ》童《どう》子《じ》

昭和天皇のひつぎを載せた輿。葬送に八瀬童子も付き従った＝1989年２月、東京・新宿御苑

現代に生きる「童子」

平安期のころ、比叡山の西麓、現在の京都市左京区八瀬に住む男性は、延暦寺の雑事や輿《こし》を担ぐ役を担った。中世には「八瀬童子」と称され、天皇が外出時に乗る輿を担ぐ任を負い、代わりに納税を免除された。就寝時は必ず枕元にわらじ、ちょうちん、鎌を置き、天皇家に大事があると京都御所にはせ参じる伝統があったという。この地は、後の天武天皇が壬申《じんしん》の乱（６７２年）で背中に矢を受け、傷を癒やしたとのいわれがあり、「矢背」または「癒背」が転じて「八瀬」になったという説がある。１９８９年２月24日の「大喪の礼」では、昭和天皇のひつぎが皇居から新宿御苑まで自動車で運ばれたため、八瀬童子の子孫らは旧例に倣ってひつぎを載せた輿を担ぐことはできず、付き従う形で参加した。

八咫烏《やたがらす》

日本サッカー協会のシンボル「八咫烏」のエンブレム

サッカー協会のシンボルに

初代天皇と伝わる神武天皇の一行を熊野（現在の和歌山県南部、三重県南部）から大和（奈良県）へ導いたという神話上のカラス。「古事記」や「日本書紀」に記されている。八咫烏の「咫《あた》」は古代の長さの単位で、一咫《ひとあた》は親指と中指（一説には人さし指）を直角に広げ、その先端を直線で結んだ長さ。神武天皇の伝承から、和歌山県の熊野三山（熊野本宮《ほんぐう》大社、熊野那智大社、熊野速玉《はやたま》大社）などでは八咫烏が導きの神・交通安全の神として信仰を集めている。現在は3本足のカラスとして知られているが、中国の古典に出てくる「三足烏《さんそくう》」と同一視されるようになったとの説がある。戦前の1931年に日本サッカー協会がシンボルマークとして採用し、代表のエンブレムには3本足で描かれている。

山階《やましな》鳥類研究所

2005年３月、山階鳥類研究所で資料を見る黒田清子さん＝千葉県我孫子市

陛下妹のライフワーク

鳥類学の研究や普及啓発活動を行う公益財団法人で、所在地は千葉県我孫子市。特に、アホウドリやヤンバルクイナといった絶滅危惧種の保全研究で知られている。旧皇族だった山階芳麿《やましな・よしまろ》氏（１９００～89年）が東京都渋谷区の自宅に設けた鳥類標本館が前身で伝統的に皇室とのゆかりが深く、86年から秋篠宮さまが総裁を務める。天皇陛下、秋篠宮さまご兄弟の妹黒田清子《くろだ・さやこ》さんも学習院大卒業後に研究助手や研究員として勤務。古い鳥類図鑑の学名を再整理したり、皇居や赤坂御用地に生息する鳥の生態を研究したりした。黒田さんは結婚で皇族の身分を離れた現在も、研究所のフェローとして関わり続けている。理事長の壬生基博《みぶ・もとひろ》氏は昭和天皇の孫に当たり、両親が旧皇族だった。

「ゆかり」発言

皇太子時代の大正天皇（前列中央）の訪韓記念写真。その右の少年は、韓国皇太子李垠＝1907年10月

韓国国民の心を動かす

天皇在位中の上皇さまは2001年12月23日の誕生日を前にした記者会見で、02年にサッカーのワールドカップ（W杯）を日本と共催することになる韓国への思いを聞かれ「私自身としては、桓武天皇の生母が百済《くだら》の武寧王《ぶねいおう》の子孫であると続日本紀に記されていることに韓国とのゆかりを感じています」と述べられた。古代朝鮮から文化や技術が伝えられたことにも触れ「日本の発展に大きく寄与した」との認識も示した。天皇陛下につながる桓武天皇の生母、高野新笠《たかののにいがさ》は百済からの渡来人の末裔《まつえい》。その史実は戦時中にタブー視されていたこともあり、上皇さまの「ゆかり」発言は日韓両国で驚きをもって伝えられた。外務省などが関与した形跡もなく、韓国内の対日感情を和らげた。

陵《りょう》墓《ぼ》

宮内庁が仁徳天皇陵として管理している堺市の大山古墳

陵と墓、埋葬者に違い

天皇や皇后、皇太后《こうたいごう》（先代の天皇の皇后）、太《たい》皇太后《こうたいごう》（先々代の天皇の皇后）が葬られた陵《みささぎ》と、その他の皇族の「墓」の総称。皇室典範27条で規定されている。そのため「○○天皇の陵墓」という表現は誤りで「○○天皇陵」が正しい。管理する宮内庁のホームページによると、近畿地方を中心に全国に陵は１８８基、墓は５５５基。仁徳天皇陵（大山古墳、堺市）を含む49基の古墳で構成する大阪府南部の「百舌鳥《もず》・古市《ふるいち》古墳群」は２０１９年７月、世界文化遺産に登録された。歴代天皇の埋葬は時代によって土葬や火葬を繰り返してきたが、江戸時代初期からは土葬が続いている。宮内庁は13年11月、天皇在位中の上皇さま、上皇后さまの意向を受けて、約３５０年間続いた土葬をやめて火葬にすると異例の発表に踏み切った。

忘れてはならない四つの日

青い海に囲まれたパラオ・ペリリュー島で拝礼される上皇ご夫妻＝2015年4月（共同）

受け継がれる記憶

戦前生まれの上皇さまは1945年8月15日、疎開先の栃木・奥日光で終戦を迎えられた。当時11歳だった。皇太子だった81年、終戦の日の感想を聞かれ「日本では、どうしても記憶しなければならないことが四つあると思います。（終戦の日と）広島の原爆（8月6日）、長崎の原爆の日（8月9日）、そして6月23日の沖縄の戦いの終結の日。この日には黙とうをささげて、平和のありがたさをかみしめ、平和を守っていきたいものと思っています」と答えた。この四つの日は、上皇さまにとって忘れてはならない「慎みの日」であり、今でも上皇后さまとともに皇居・御所などで毎年欠かさず黙とうしているという。この習慣は天皇ご一家、秋篠宮ご一家にそれぞれ受け継がれている。

宮内庁担当記者コラム

サイパンで聞いた「海ゆかば」

三井　潔

海行かば水漬く屍　山行かば草生す屍…

2005年6月、米自治領サイパン島の敬老センター。地元のお年寄りたちが「歓迎」の歌として口ずさんだのは戦時中、玉砕を告げた「海ゆかば」だった。「お客さま」は、戦後60年の節目に初めて海外への慰霊の旅に臨まれた天皇、皇后時代の上皇ご夫妻。上皇さまが一瞬見せたこわばった表情に、日米による激戦地の悲劇の「残滓」を見た思いがした。

なぜ上皇さまの表情が硬くなったのか。

1944年7月のサイパン陥落は太平洋戦争の転機の一つだった。日本兵の9割超に当たる約4万3千人や米兵約3500人が死亡。幼児も含む民間邦人約1万2千人が亡くなった。日本にとって「絶対国防圏」を突破され、開戦を主導した東条英機内閣が倒れる。本土空襲が本格化し敗戦に至る引き金となった。

大本営は「海ゆかば」をラジオから流し、南洋の拠点を失ったことを「玉砕」の美名とともに国民に知らせた。元々は奈良時代の家人大伴家持の長歌。それに曲を付け戦時中は「準国民歌」と言われるほどの人気曲だった。

サイパン陥落後、皇太子時代で10歳だった上皇さまは静岡・沼津から栃木・日光に疎開先を移した。空襲を避けるためだった。側近は「(上皇さまにとって)『海ゆかば』は戦時中の暗い思い出と重なっている」と、明かしてくれた。

幼い頃に日本統治下で過ごし、戦火を生き延びたお年寄りたちだったが、屈託はなく、笑顔で懐かしい曲を披露しただけだった。すぐに上皇さまもいつもの穏やかな

慰霊のため太平洋戦争の激戦地サイパンを訪問、多くの日本人が身を投げたスーサイドクリフから海を見つめられる上皇ご夫妻＝2005年6月28日（共同）

笑顔を見せた。

上皇ご夫妻は敬老センター訪問を前に、島の北端の崖バンザイクリフを訪ね深々と拝礼した。米軍の攻撃を逃れ、「天皇陛下、万歳」と言って次々と身を投げた場所だ。照り付ける南国の強烈な日差し、群青色の海…。聞こえるのは波しぶきだけだった。これに先立ち、スーサイドクリフに足を運んだ上皇ご夫妻。いずれの場所でもこうべを垂れた2人の背中越しに60年前の惨劇を思い浮かべた。

あれから14年、サイパン陥落から75年がたった。戦後50年の国内激戦地での慰霊に続くサイパン訪問は、戦後70年のパラオ、翌年のフィリピンへの鎮魂の旅につながっていく。

父、昭和天皇による「戦いを宣す」という詔書で始まった太平洋戦争。昭和の「負の遺産」をかみしめ、背負う上皇さまの決意は、戦後世代の私たちに歴史の重みを継承していくことの大切さを気付かせてくれた。

慰霊の旅で見た光景は、象徴天皇制を定めた憲法1条と不戦を誓った9条との「邂逅」だったのかもしれない。平成が終わり令和に入った。昭和がさらに遠くなった今、改めてそう胸に想起される。

みつい・きよし　1990年、共同通信社に入社。社会部で警視庁、宮内庁などを担当、横浜支局次長、社会部次長、外信部次長、マニラ支局長を経て社会部担当部長。皇室取材班メンバー。共著に「昭和天皇　最後の侍従日記」（文春新書）。

解説「皇室考える手掛かり」

共同通信社編集局編集委員　新堀浩朗

天皇陛下は即位から約1カ月後の6月、皇后さまと初めての地方訪問として愛知県での全国植樹祭に出席された。訪問先へ車で移動する際には窓を開け、沿道の人たちに手を振って応えられた。お年寄りや子ども、車いすに乗った人がいるところでは速度を落とす。動いている物体を目で追う「動体視力」が弱い人もいるのでは、との配慮といい、こうした減速は車を運転する「技官」さんも前を走る車も承知の上だ。

このやり方は、上皇、上皇后ご夫妻が皇太子夫妻時代から続けたスタイルを受け継いでいる。上皇ご夫妻の即位後初の地方訪問は、1989年5月、徳島県での全国植樹祭だった。昭和天皇は東京都内でも地方でもリムジン型の大きな車に乗っていたが、新天皇はこの時、車高の低いセダン型に変更した。沿道の人たちと同じ目の高さになって視線を交わしたいという考えを天皇になっても貫いた。

ご夫妻は2014年5月、栃木県日光市から群馬県桐生市まで「わたらせ渓谷鉄道」のトロッコ列車に乗った。開放的な車両から沿線の人たちに応える姿を後ろの車両から見ていると、ご夫妻は右へ左へ機敏に移動しながら手を振っている。侍従や女官が「あそこにいます」「こちらにもいます」と声を掛けるのを聞き、動いていたという。侍従や女官はご夫妻の意向を受け、人のいる場所を教えていたのだ。

天皇、皇后両陛下は、上皇ご夫妻と同じく国民との接点を大切にしている。皇室の存在の基盤に国民を置いているからだろう。即位後朝見の儀で「憲法にのっとり」と述べたその日本国憲法は、天皇の地位を「主権の存する日本国民の総意に基く」と規定している。

一方で、天皇は明治憲法の時代まで国の統治者だった。「政（まつりごと）」は「祭りごと」につながるともされるように、天皇は伝統的に、宮中祭祀という神事の主宰者だ。現在の天皇、皇后両陛下もいにしえの装束姿で祭祀を務めている。

伝統を踏襲した代替わりの儀式では、憲法が政教分離の原則を規定する中、三種の神器が登場した。「大嘗祭」は神事であるがゆえに重い儀式とされる。憲法と伝統との兼ね合いをどうするかは大きな問題だ。

伝統は皇位継承の在り方にも関わる。男系男子だけが天皇となる伝統と、皇位の安定継承、現代の国民意識との兼ね合いは今後の議論の焦点にもなるだろう。

皇室の事柄を考えるのは私たちには難しい。そのとき、現代の皇室の活動や、宮中に伝わる伝統の一端を知ることが、考えを進める手掛かりになるのではないだろうか。

（しんぼり・ひろあき）

あとがき

始まりは「平成の玉音放送」、天皇在位中の上皇さまが退位の意向をにじませた2016年8月8日のビデオメッセージからだった。共同通信の編集局では間もなく、宮内庁を受け持つ社会部とは別に、元宮内庁担当者で固めた編集局直轄の「皇室取材チーム」が発足。さらに政治、社会両部にまたがる「改元取材チーム」も生まれ、ストレートニュースは主に社会部、特集記事は皇室取材チーム、そして文字通りの改元取材チームと〝三位一体〟の報道が本格化していった。

社会部は現在、部長の中村毅《なかむら・たけし》をはじめとする約100人体制。事件・事故や気象・災害はもちろん、東京都庁、交通、教育、厚生労働、国会、人権など取材対象は幅広い。南極への記者派遣もあれば、20年の東京五輪・パラリンピックの取材チームも置いている。

天皇代替わりを巡っては、皇室や宮内庁の動きを追う一方で、大きく時代を捉える視点が必要との考えで取材を進めていった。ストレートニュースはもちろん、皇室取材チームとともに、タイトルだけでも「象徴考」「皇位継承　古《いにしえ》の営み」「記者が見た両陛下」「皇室クロニクル」「地上の彩花《さいか》」「ゆく平成　くる令和」「皇室と憲法」といったさまざまな企画や特集記事を準備した。本書のベースとなった連載企画「皇室ナビ」は、その一つに過ぎない。憲政史上初めての退位、そして改元を共同通信はどう報じたか。今回の出版が、その〝序章〟になればと思う。
皇室ナビの全量または一部は、河北新報、福島民報、福島民友、信濃毎日新聞、新潟日報、北國新聞、福井新聞、京都新聞、神戸新聞、奈良新聞、山陰中央新報、徳島新聞、熊本日日新聞、宮崎日日新聞の14紙に掲載された。皇位継承前に企画を終えたため、書籍化に当たっては、即位後に合わせて敬称や呼称を一部差し替えたり、新しいデータを盛り込んだりと加筆、修正した。

皇室ナビの執筆に際しては、過去の配信記事、宮内庁のホームページ上にある用語集、別掲の書籍、オフィシャルサイトを参考にし、一部を引用させていただいた。コラムは皇室取材班が書き下ろした。

収録した記事やキャプションなどを配信前に目を通し、字句や表現に誤りがないかどうかをチェックする校閲部をはじめ、資料写真を管理している写真データ部、図解やグラフ、イラストなどを企画・製作するグラフィックス部の方々、そして何よりも皇室ナビの連載中に励ましやご意見を寄せていただいた読者の皆さまに感謝を申し上げる。また、株式会社共同通信社パブリッシングセンター長の北条義幸《ほうじょう・よしゆき》さんのアドバイスがなければ、本書の出版は実現しなかった。この場を借りてお礼を言いたい。ありがとうございました。

高橋裕哉

高橋裕哉
Hiroya TAKAHASHI
日刊スポーツ新聞社から1991（平成3）年入社。大阪、東京社会部で検察取材が長く、2009〜11年に東京・司法キャップを担当。原発事故報道のため福島支局次長を経て神戸支局長、ニュースセンター整理部長などを歴任した。

中島正喜
Masaki NAKASHIMA
1993（平成5）年入社。法務・検察、国税局の取材が長く、大阪社会部次長、東京編集部次長などを経て現在、社会部次長。東京・司法キャップも務めた。「皇室の財産と納税」「恩赦」を執筆。

羽柴康人
Yasuhito HASHIBA
読売新聞大阪本社から2005（平成17）年入社。社会部で警視庁、宮内庁を担当し、京都支局次長を経て現在、社会部次長。皇室取材班のデスクを務める。「御所」「宮中三殿」など13本を執筆。

山口恵
Megumi YAMAGUCHI
2005（平成17）年入社。福岡支社編集部、長崎、鹿児島支局を経て社会部。10〜12年に宮内庁を担当。震災報道のため盛岡、仙台支社編集部に異動し、再び社会部。現在、皇室取材班のメンバー。「女系天皇」など6本を執筆。

清田拓
Hiraku SEIDA
2005（平成17）年入社。長崎支局、福岡支社編集部、水戸支局を経て社会部。厚生労働省（労働）、警視庁、厚労省（厚生）を担当し現在、宮内庁・皇室取材班のメンバー。「皇宮警察本部」を執筆。

瀬戸貴紀
Yoshiki SETO
2004（平成16）年入社。新潟、京都支局を経て社会部。さいたま支局に異動し、再び社会部。社会部では主に気象、災害、JR・私鉄を取材し、現在、国土交通省を担当。「お召し列車」を執筆。

参考文献

皇室事典（角川学芸出版）
天皇家の仕事（文春文庫）
天皇陛下の全仕事（講談社現代新書）
天皇と憲法　皇室典範をどう変えるか（朝日新書）
米・百姓・天皇　日本史の虚像のゆくえ（大和書房）
稲を選んだ日本人　民俗的思考の世界（未來社）
街場の天皇論（東洋経済新報社）
感情天皇論（ちくま新書）
近代天皇論　―「神聖」か、「象徴」か（集英社新書）
昭和天皇　最後の侍従日記（文春新書）
全記録・昭和の終った日（日本放送出版協会）
陛下、お尋ね申し上げます（文藝春秋）
陛下、お味はいかがでしょう。（徳間書店）
ナルちゃん憲法（光文社文庫）
秋篠宮さま（毎日新聞社）
立命館文學「中世の即位灌頂と『天皇』」（立命館大学人文学会）
禁苑史話（富山房）
岩波 天皇・皇室辞典（岩波書店）
大正天皇実録（ゆまに書房）
國史大辞典（吉川弘文館）
日本古代史大辞典（大和書房）
日本史用語大辞典（柏書房）
日本語解釈活用事典（ぎょうせい）
姓氏家系大事典（新人物往来社）
家紋大図鑑（秋田書店）
京都観光オフィシャルサイト「京都観光 Navi」（京都市観光協会）

皇室ファイル

菊のベールの向こう側

発行日　2019年10月25日

編著者　共同通信社会部
発行人　岩永陽一
発行所　株式会社共同通信社
〒105－7208　東京都港区東新橋1－7－1　汐留メディアタワー
電話：03（6252）6021／ファクス：03（5568）1109
URL　https://www.kyodo.co.jp／メールアドレス　order@kyodonews.jp
装　丁　野津明子（böna）
写　真　共同通信社、宮内庁、守谷市
図　表　共同通信社
印　刷　株式会社太平印刷社

ISBN978－4－7641－0713－7　C0036